会計士パパから娘への手紙

～わが子に残すお金より大切なこと～

山田《やまだ》 侑《ゆう》

税務経理協会

はじめに

この本は、〝ウザイ〟と言われる父親が、お金とのつきあい方だけは言っておかなければいけないと満身創痍で書き上げた娘へのメッセージです。したがって、お金を儲けるためのテクニックを書いた本ではありません。

父親と娘との関係は微妙なものです。この間まで風呂で一緒に九九を唱えていたと思っていたのに、身長と反比例するように会話は減り、今では不思議な緊張感さえ漂っています。

この本は、「会計士の父から娘へ贈る32＋1の手紙」という本の改訂版です。その原稿(手紙)は、娘が中学に入学するかしないかの頃に書き始めましたから、相当の月日が経っています。当時の日本は、バブル崩壊に端を発した「失われた一〇年」という長いトンネルを抜け出したと思ったとたん、ホリエモンに代表されるような起業ブームの中で、戦後の日本が培ってきた様々な価値観が古臭いものと否定されるような風潮にありました。また、追い打ちをかけるように、欧米流の金儲けのためのテクニックが脚光を浴び、それらに関連したハウツー本も数多く出版されていました。

私が子供の頃には、冗談でも「人生で一番大切なものはお金だ」などと言ったら、親から殴られたものです。しかし、現在では「人生で一番大切なものはお金である」と堂々と言う若者が増えていますし、そう言う若者を怒る大人も少なくなりました。焼け野原だった戦後の日本経済を救ったのは、日本人の勤勉さであり、お金のありがたさや怖さを教える家庭や近所の人からの教育であったと思います。

私の父は実業家であり、残念ながら何度も事業に失敗をしました。そんな影響で私は会計士という職業を選択しました。父親を通して、あるいは職業柄、私は、お金という生き物を介在した人間模様を多くみてきました。現代社会において、お金は重要な役割を演じており、お金と無縁に過ごすことは不可能です。

しかし、私が娘と面と向かって私が考える金銭哲学なるものを論じても、反抗されるかあるいは無視されるのが関の山です。そこで私は、伝えたいメッセージを文章（手紙）にまとめ、それをそのまま本として出版することを考えました。

「この内容は本にもなるくらいありがたいものだ」と、私は娘に大言を吐きました。それからが本当に大変でした。私は原稿（手紙）を手に、いくつもの出版社を渡り歩き、数え切れないほどの修正を繰り返しました。「内容が当たり前過ぎる」という酷評を聞く度に、この原稿の出版化はもはや自分だけの問題ではなく、日本全国の父親たちの存亡がかかっていると、身勝手な使命感を感じるほどでした。そして、藁をもすがる気持ちで応募したある出版社が主催するコンクールで幸運にも受賞でき、出版にこぎつけることができました（受賞からさらに一年半もかかって）。

実際に出版してみると、「結局、具体的にどうすればいいのか？」等の非難もいただきましたが、「子供ができたらその子に教えてあげたい」や、「『金を儲けてなにが悪い』という言葉に、うまく反論できず悔しく思っている人に薦めます」等の暖かいコメントもいただきました。また、望外のことでしたが、韓国と台湾でも翻訳本を出版するという機会も得ることができました。そして何より、娘が真剣にこの本を読んでくれました。ベストセラーにはなりませんでしたが、当初の私の目論見からすれば大成功であったと思います。

その後、日本経済は戦後最長の好景気を終え、米国の金融危機に端を発した大不況に突入しようとしています。そんな中、この本を出版してくれた出版社も倒産してしまいました。本の内容からしても、出版社の倒産というのはいかにもこの本の結末らしいと思っていましたが、この度思いがけなく、税務経理協会からこの本を再出版しないかという声をかけていただきました。

不謹慎な言い方ではありますが、今回の百年の一度と言われる大不況は、米国の金融機関による行き過ぎた金儲けのテクニックへの満身が破綻の原因にあると思いますので、日本人が昔から言い続けた、勤勉、感謝、謙虚、中庸の心の正当性が証明されたことにもなるのかもしれません。

せっかく再出版していただけるのなら、この本に寄せられた非難やコメントを反映したものにしたいし、最近の家族や社会で起こった事象も補足したいと思いましたので、本文の一部を省略させてもらい、新たにいくつかのコラムを加筆しました。

当たり前のことを書いた地味な内容の本ですが、私と娘ができたように、この本を通じて少しでも家族の会話をしていただければ幸いです。

目　次

第1の手紙　娘へ

君は大学受験を終え、まさにバラ色の青春を謳歌しようとしています。

高校生の女の子が毎夜遅くまで予備校に通わなければならない現在の受験制度には頭をかしげるばかりですが、程度の差やそれを習得する時期に問題はあるにしろ、私は勉強することは決して否定しません。自分の希望した学校なのだから、これからの勉強もがんばってほしいと思っています。

私が君にこの手紙を書こうと思ったのは、今後の学校における勉強の大切さを言いたかったからではありません。学校の勉強は大切です。しかし学校では教えてくれない重要なこともあるのです。

たとえば、恋愛のことです。これは人が成長する過程で、非常に大きなテーマですが、学校では教えてくれません。これについては、私も君に教えることはできません。私がこれに関してアドバイスできることと言えば、よい本を読むこと、よい映画を見ること、そしてよい友達とつき合うことぐらいでしょう（これに関しては、きっとママの方が助けになるでしょう)。

学校では教えない重要なことで、私が君に教えることができるのは、お金に関する話です。お金に関する考え方、格好よく言えば、「お金に関する哲学」についてです。残念ながら、これらのことは学校では教えてくれません(もちろん、大学に行っても教えてくれません)。

それは日本に限らず、世界のどこの国でも、家庭で教えることになっているからです。君も知っていると思いますが、私のお父さん(君のおじいさん)も、また、お母さん(君のおばあさん)の実家も商売を行っていました。特に私のお父さんは、大きな事業をしていたこともありましたが、失敗して破産したこともあります。

そして、私自身も公認会計士として多くの企業や事業家を見てきましたし、私自身が頼まれて企業の経営を手伝ったこともあります。こんな環境にいた私ですから、「お金に関する哲学」を君に講義するのには適していると思っています。

君は、「お金なんてどうでもいいじゃない」と反抗するかもしれませんが、この世の中で生きていくためには、お金とのつきあいを避けて通ることはできません。私が君に伝えたいのは、〝お金〟という生き物の性質を理解し、それとどうつきあっていくべきかということです。かといって、私にもその絶対的に正しいと思われる方法はわかりません。

ことわざと同じですが、私が今から説明する内容は、時として〝反対のこと〟を言います。それは、お金という生き物は、尊くすばらしい面と醜く恐ろしい面という、二つの矛盾する性格を持っているからです。要するにバランスの問題のような気がします。バランス感覚は、今後君が成長するうえで、ぜひ身に付けてほしいものの一つです。

また、これからする私の話は、当たり前の説教じみた陳腐な話だと思うかもしれません。しかし、当たり前のことを当たり前にすることの素晴らしさとむずかしさは忘れないでほしいと思います。

私は、しっかりとした金銭哲学を持つことは、今後誰にとっても、ますます重要になってくると思います。なぜなら、お金という生き物が持つ力がますます強くなっているからです。最近、「お金の力」を利用しようとした投資の手法に関する本が数多く出版されて、非常に売れているそうです。

以前にクローン人間のことを話し合ったことを覚えていますか？　この手の本は、

クローン人間を作り出すことの倫理的な議論を抜きにして、それを作り出す技術のみを解説するのと同じくらい危険なことだと思います。

また、現在の世の中、特に経済の世界は、非常に複雑化しています。元々複雑な動きをするお金という生き物は、ますます複雑な動きをし始めています。しかも猛スピードなのです。それにもかかわらず、本来、お金のことを教えるべき家庭が核家族化してしまい、その役割を果たせなくなっています。

私が小さい頃は、家族のみならず我が家の店先に集まってきた近所の人からでも、お金にまつわる話を聞いたものでした。たとえば、「金物屋のオヤジが高利貸しからお金借りてまで、株にのめりこんでいる」、「駄菓子屋のおばさんは、地味な生活しているけど結構貯めこんでいる」、「薬屋は保証人になって大変だ」、また、「結局、金物屋は夜逃げした」など、遠い人の話ではなく、実際の風貌や性格まで知った人物の実話がリアルタイムで入ってきました。

今から思えば、これほどわかりやすく、ためになった講義はありませんでした。しかし、現代の生活環境では、このような講義を受けることはできません。

私も社会人になって、たくさんの人に会ってきました。すばらしい人間性を持った人もいれば、首を傾げたくなるような人もいました。尊敬すべき人に共通していることは、お金という生き物といかにつきあっていくべきかの哲学がしっかりしているということでした。つきあいたくない人のほとんどは、そのような哲学ができていない人でした。

君も、今後いろいろな勉強をし、たくさんの人と出会うことでしょう。そして何かの職業につくか、あるいは家庭に入るかもしれません。いずれにしても君自身がしっかりとした「金銭哲学」を持ってもらいたいし、君がつきあっていく友人はお金とうまくつきあっていける人を選ぶべきでしょう。

そして最後に、いつか君が私に紹介する人生の伴侶に対して課すテストの一つは、この金銭哲学だということを忘れないでほしい。

（どんな時でも君の味方である父より）

＜百年に一度の大不況で、金持ち父さんはどうなったか？＞

私がこの娘への手紙を書こうと思った頃、「金持ち父さん　貧乏父さん　―アメリカの金持ちが教えてくれるお金の哲学―」（ロバート・キヨサキ主著　筑摩書房）という本が、大ベストセラーになっていました。

読まれた方も多いと思いますが、その内容をかいつまんで説明すると、著者は、仕事に忠実であるがいつもお金に困っているサラリーマンである実のお父さんを「貧乏父さん」と呼び、お金儲けが上手い実業家である友達の父を「金持ち父さん」と呼び尊敬します。

彼は、二人のお父さんのお金に対する考え方（それはとりもなおさず二人の人生そのもの）を比較して、「金持ち父さん」を目指すべきであると主張します。そのためには、お金に関する知性（ファイナンシャル・インテリジェンス）を高めることが必要であり、それは学校では教えてくれないから、家庭で教育する必要があると言っています。表現方法こそ違え、お金は重要であり、その扱い方は学校では教えてくれるものではないので、家庭で教える必要があると言うのは、私の主張と同じです。

「金持ち父さん」になるための手法は、そのファイナンシャル・インテリジェンスを使って、「お金がお金を稼ぐ」方法を見つけるというものです。彼の表現を用いれば、「中流以下の人間はお金のために働く。金持ちは自分のためにお金を働かせる」（五七頁）、「多くの人がいつもお金に苦労している直接の原因はたいていの場合、一生他人のために働いていることにある」（一二三頁）ということになります。これらの言葉は、バブルの崩壊でそれまでの日本のシステムに閉塞感を持った多くの人々に光明を与えたようです。しかし私はぶつけるところのない憤りを感じていました。

本の中では、具体的な「お金がお金を稼ぐ」一般理論は書かれていませんが、成功例としては、投資用不動産を借金してでも安く買って高く売ることと、未上場の株式を安く買って上場後に高く売ることが紹介されています。

さて、突然世界を襲った百年に一度の大不況の中で、「金持ち父さん」たちは生き延びることができたのでしょうか？「バランスより一点集中」（二一一頁）、「もっと投機性の高い投資に目を向ける余裕ができる」（一一五頁）という言葉に従っていれば、安く買ったつもりの不動産や株式は更に暴落したのではないでしょうか？しかし、皮肉を込めて、少なくともロバート・キヨサキ氏に限って言えば、こんな不況など全く関係が無かったのではないかと推測できます。それは、彼のファイナンシャル・インテリジェンスの高さではなく、彼が世界で何千万冊と売れたベストセラーの作家だからです。

第2の手紙　あの日の冷やしラーメン

まず、最初に、私と私のお父さん（君のおじいさん）との話をさせてください。

いままでも何度か話をしたと思いますが、父は事業家でしたが、私が小学生の頃、事業に失敗してすべてを失いました。

それでも父は、がんばり屋でしたので、文字通り〝裸一貫〟で事業を再開しました。事業といっても、それは資金も何もないので、本当に簡単なものでした。友人から古いトラックを借り、青果市場へ行って果物を仕入れ、それをそのまま国道沿いの空き地で販売するというものでした。

私は小学生でしたので、毎日は手伝うことができませんでしたが、夏休みや冬休みにはその仕事を手伝いました。

青果市場の朝は早く、私と父は日が明けるとともにそのオンボロなトラックで市場に向かいます。父は市場のマークのバッチをつけた帽子をかぶり、同じ帽子をかぶった人たちと混じり、何やら意味のわからない大声をあげます。これが〝セリ〟というものです。

私はそのセリの声と人々が慌しく働く雑踏が好きでした。そこには商売の原点があるような気がしたのです。私が手伝う夏休みにはスイカを、冬休みにはみかんを買いました。セリで落としたスイカやみかんは、トラックに積み込まなければなりません。父がトラックの荷台に上り、私は父にスイカやみかんを手渡ししていきます。スイカは、通常三つ、大きい場合には二つが一つの紙の袋に梱包されていました。みかんの場合にはダンボールの箱に入っていました。スイカの袋もみかん箱も大変な重さです。

今となっては記憶が定かではありませんが、きっと毎日百個以上は購入していたのだと思います。夏のうだるような暑さの中、あるいは冬の雪と寒さの中、この労働はかなり大変でした。やっとのおもいでトラックに積み込んでも、販売場所である国道沿いの空き地に着いたなら、商品をまたトラックから下ろさなければなりません。今度は私が荷台に乗り、下で待つ父に手渡ししていきます。父は、その商品を販売用にきれいに、そして国道を走る車に目立つように並べていきます。市場での荷積みと違い、私の仕事は今度は降ろす方なので、体力的には多少は楽ができました。しかし、販売場所となるその空き地は、簡単なテントがあるだけだったので、夏の太陽や冬の雪が直接襲いかかってきました。

商品が並ぶと、「大安売り」と赤字で大きく書かれた横断幕を張ります。この横断幕は季節を問わず使っていました。なんの商品の大安売りなのかは書く必要がありません。なぜなら、ただ商品が置いてあるだけなのですから。

この横断幕につられて国道を走るたくさんの車が止まってくれました。父はサンプル用のスイカやみかんをお客さんに食べさせ、「これは甘いよ」とか「うちは市場から直接だから安いよ」とか言っていました。私も父に「お客さんが来たら同じように説明しなければならないの?」と聞くと、「そんな必要はない。でも買ってくれたお客さんには、大きな声で『ありがとうございます』って言いなさい」と言われました。

「こないだ買っておいしかったから、また来たわ」、「ボク、小さいのに偉いわね。ボクががんばっているからもう一箱もらうわ」など、優しい言葉をかけてくる人、また、「ボーズ、おいしくなかったらお金返してもらうからな」と脅しを入れてくる人などいろいろなお客さんがいました。それでも、苦労して運んだ商品をお金を払って買ってくれるお客さんには、私は心から「ありがとうございます」と言うことができました。

私は父から、木綿でできた前掛けを渡されました。前掛けには売上のお金を入れるためのポケットがありました。そのポケットは、お札を入れるところと小銭を入れるところにわかれていました。記憶は定かではありませんが、スイカを一袋五百円、みかんを一箱千円とかで売っていたのだと思います。

半日もすると、前掛けはお金で一杯になります。父は、昼ごはんの前にたまったお金を回収して、半日分の売上を集計しました。聖徳太子の顔が書かれた一万円札が手に入ることはめったにありませんでした。ほとんどが千円札や五百円札そして百円玉です。どのお札も決して新札ではありません。

私の汗なのかお客さんの汗なのかわからないのですが、どのお札も角がとれ、湿気を帯びて油っぽいのです。このお札を十枚ずつ分けて半日の売上げを計算するのです。五百円札や千円札でしたが、立派な札束ができあがります。

これがもし一万円札ならば、大変な金額になるのですが、私はこの輪ゴムをはめた湿気を帯びた札束を見るとなんだか誇らしく感じました。このお金はまぎれもなく、私と父で汗水垂らして稼いだお金なのです。

あれは本当に暑い夏の日でした。半日分の売上の集計が終わった後、父がその売上金の一部を持って、近くのドライブインへ歩いて行きました。三十分ほどして、父は二枚の皿を持って戻って来ました。その皿には、冷やしラーメンが入っていました。

「今日は特別暑いな。疲れたろ、これでも食べよう」

父は事業に失敗しても、私に不憫なことをさせることはありませんでしたが、外食することは控えていたので、それは久しぶりに食べる外での食事でした。国道沿いの空き地の裏手には農業の用水路が流れていました。その土手に大きな木が一本あり、その木の下は、ちょうど食事の涼をとるのに絶好の場所でした。父と私はそこに腰かけ、遠くに広がる田園風景を見つめていました。

父は事業が失敗して以来、無口になっていました。お酒を飲んで暴れることもありました。私は、少し酸味の効いたこの冷やしラーメンの味を一生涯忘れることができません。事業に失敗して以来塞ぎこんでいた父と一緒に汗水を流し、お金を稼いだのです。しかも父もきっと私をひとつの戦力と認識してくれたに違いありません。その稼いだお金で買った冷やしラーメンだったのです。

私は、こうやって稼いだお金ほど尊いものはないと思います。私も成人して仕事を持つようになりました。幸運にも、頂けるお金の額はあの時の金額を上回るようになりました。それでも、私の原点はあの湿気を帯びた油っぽいお札であり、父と食べたあの冷やしラーメンなのです。今自分が手にしているお金はあの時と同じように胸を張って尊いものだと言えるか、そしていつでもあの時の気持ちを忘れないで働くことができるか、私はいつも自分に言い聞かせるようにしています。

君も尊いお金をもらえる喜びと苦労をわかるようになって欲しいと思います。

（冷やしラーメンの好きな父より）

第3の手紙　お金は二つの顔を持つ

今日は、君にお金が二つの顔を持っている話をしましょう。お金の持っている二つの顔のうち一つはいい顔であり、もう一つの顔は本当に恐い顔なのです。

お金は、物々交換に代わる手段として人間が考えた道具です。お金で買うのはモノだけでなく、人間の労働であるサービスまでも購入することができるようになりました。モノやサービスを購入するのは〝今〟でなくても構いません。将来の購入のためにお金を保存しておくこともできます。なぜなら、お金は腐ることがありませんから。

このように、道具としてのお金は、あまりにも便利なものであるため、いつしか人間社会の中心的な存在になり、もう一つの〝顔〟を持つようになりました。それは、尺度すなわち〝ものさし〟としての顔です。

百グラム三百円の肉と千円の肉、年間売上高三百万円の会社と三億円の会社、年収五百万円の人と二千万円の人、このようにお金は、いつしか経済価値を測る〝ものさし〟としての顔を持つようになったのです。

人間が発明したお金という道具は、ものさしとしての顔を持ち、やがて一つの生き物として人間社会の中心的存在となり、やがては人間を支配し始めたのです。これは、よくSFで、人間が作った精巧なロボットが最後は人間を支配していくというストーリーと似ています。

年収三百万円の人が、より良い生活を目指して年収が五百万円になるように一生懸命働きます。このような考えを持つこと自体、否定できるものではありません。

ところが、年収が八百万円になると、自分の同期の友人の年収が一千万円になっているのに気づき、それなら年収一千二百万円を目指そうとします。これは良いことなのか悪いことなのか判断がつきません。この人は今までその稼いだお金でどんなものを買い、どんな生活をするのかの具体的なイメージを持っていたのに違いありません。

しかし、友人との年収レースに参加した今となっては、その生活をイメージしてはいないでしょう。もちろん人間が向上心を持つことは悪いことではありません。むしろ立派なことです。やがてこの人は友人との年収レースに勝って、皆からの羨望の的となります。しかし、今度はさらに上を目指そうとします。それまで以上に休みを削り、家庭を犠牲にして働き始めます。そうやって死に物狂いなって、目標が達成できたとしても、さらに上をめざし続けようとするのです。この戦いは限りなく続くのです。

そうなると、おいしい物を食べたいとか、仕立てのよい洋服を着たいとか、大きな家に住みたいという欲望のために働いているのではありません。その目標は単に年収が〇千万円の人間になりたいという理由だけなのです。そしてある時、デパートの店員に言われるのです。「あなたのような収入の方はこれくらいの洋服を着なければいけません」と。

会社も同じです。「来年の売上高は百億円をめざしてがんばろう」と社長が社員に檄をとばします。元々小さかったその会社も従業員の給与を払うために、売上を増やすようにがんばってきました。

しかし、会社が順調に業績を伸ばせば伸ばすほど、経営者は売上高の三〇%アップあるいは店舗の数を百店にするということを経営の目標にします。この目標を達成するため、従業員は大変な苦労をします。会社の売上高が増えたり、ましてや店舗数が増えることは、会社、経営者そして従業員に何の意味があるのでしょうか。会社が存続するために、売上が増加するのは仕方ありません。しかし、単に数字が一人歩きして本来なんの意味も持たない数字がその会社を支配しているのです。

売上高を急速に伸ばしたり、店舗数を急激に増やして、時代の寵児としてもてはやされた企業がその数年後にいくつ倒産したことか。人間とは愚かなものです。そんな経験を何度もしているのにもかかわらず、売上高を急速に伸ばしたり、店舗数を急激に伸ばした企業や経営者をもてはやしてきたのです。

モノやサービスを購入するという道具としてのお金はそんなに怖くはありません。ものさしとしてのお金が顔を出してくると、今度は君がそのお金という生き物に支配されることになるのです。この二つ目の顔は非常にてごわいのです。なぜなら、賞賛されるべき人間の向上心や努力と密接に関連しているからです。

最近、お金を儲けるための技術を書いた本が数多く出ています。重要なのはどうやってお金を儲けるかではなく、何のためにお金を儲けるかだと思います。その時ヒントとなるのは、お金が持つ二つの顔のバランスが取れているかということです。もし二番目の顔の方が大きい場合には、君がお金を支配しているのではなく、お金が君を支配しているということを忘れてはいけません。

残念ながら、巧妙でしかも強い力を持っているお金という生き物に比べると、人間はあまりに弱いのです。人間はついついこの原則を忘れてしまうのです。

私の父である君のおじいさんは、一度はこのバランスを崩し、会社を倒産させました。そして、裸一貫で再起をしましたが、再びこのバランスを崩し、次の会社も倒産させました。君のおじいさんは、決して弱い人間ではなく、頭も良い人でした。そんな人でもそうなるのです。

お金は尊いものであるが、魔物でもあるのです。そんなお金と付き合っていくためには、本当に自分をしっかり持っていなければいけないのです。

（本当はお金が怖い父より）

＜事件を起こしたクライアント＞

あの人にもこの本を読んでもらえたら、という願いが私にはありました。その人は、ある地方都市では相当の有名人であり、かつて私のクライアントでしたが、最終的には意見が合わず、私の元を去っていった人です。顔を突き合わせて説明しても納得してもらえなかったのに、このつたない文章が彼の考えを変えるとは思いませんが、愚直な文章だからこそ、何かを感じてもらえたかもしれません。

人を評価する尺度が総合点ならば、彼は才能に恵まれ、思いやりや優しさに溢れた素晴らしい人物ということになります。しかし、どうも世間で行われている評価方法というものは、〝足切り方式〟で、何かの科目でマイナス評価があると、それで先の試験にも進めないということになっているようです。彼は金銭学という科目において落第点をとってしまい、総合点では間違いなく高得点をとれるにも係わらず、厳しい非難を受けています。

彼は膨らんだ借金の返済のために、詐欺事件を起こしてしまいました。あの時、もう少し強く警告を鳴らすべきではなかったか。また、私のアドバイスが結果的に彼がそのような状況になることの背中を押してはいなかったか。と自問自答の日々が続きました。

具体的なことを言うことはできませんが、私の知る限り、彼が人様のお金までにも手を伸ばそうとした状況は、おそらく一度大金を手にした人がお金を失っていく典型的なパターンだったのかもしれません（私の父も同じパターンでした）。彼には確かに浪費癖がありましたが、彼自身の生活レベルは非常に質素なものでした。彼が何にお金を使ったかと言えば、仲間の人たちを喜ばせるためでした。仲間を作るためにお金を使い、また、その仲間たちを喜ばせるためにまたお金を使うという悪循環を繰り返したからだと思います。

彼が時折見せた沈黙の先には深い孤独な眼がありました。人間というものは孤独に生まれてくるのかもしれません。しかし、お金という魔物は、人間の孤独への恐怖心に巧妙に入り込んでくるものです。最後には、彼はお金のささやく言葉しか聞こえなくなっていたのではないでしょうか。

言い訳だと言われるかもしれませんが、会計士とクライアントとの関係は、残念ながらそれ以上踏み込めない一線があります。しかし、家族は違います。もし、家族に対して言わなければいけないことが生じたなら、その一線は越えなければいけないのだと、彼の再生を願いながらも自分に言い聞かせました。

第4の手紙　一円でもお金をもらったらアマチュアではない

君も知っている通り、今わが家は増築を計画中です。私は増築をやってもらう建設業者を数社わが家に呼んで、それぞれの業者から見積もりをもらいました。その中から私たちの感性に合い、そして最後まで責任を持ってくれそうな業者を一社選びました。そしてその業者と契約に至るまで、値下げをお願いして交渉を続けました。

「一生懸命やってくれているんだから、もう値下げなんていいじゃないの」とママが言っているのを君は知っていると思います。しかし、私は君たちに言いたい。家を増築する費用は大変な金額である。私は大変な思いをして、このお金を稼ぎました。その建築業者も一円でもお金をもらう以上、プロでなければいけません。プロである以上「一生懸命やっている」ではすまされません。サービスやデザイン、そして金額面においても、お客を満足させなければいけないのです。客がギリギリまで値切ってくるのは当たり前のことです（値段を下げるために、商品の品質やサービスの内容を落とそうとする人は決してプロではありません)。

私は、いつも父と国道沿いの空き地でスイカやみかんを売ったことを忘れないようにしています。千円の売上げを稼ぐのにどれだけ苦労をしたか。今でも報酬をもらう時、常にあの時の気持ちを忘れないように努めています。私は堂々とこの業者には色々な注文をつけるのです。

私は仕事柄、起業をしたいという相談を受けることがよくあります。なかには、インターネットの特徴を活かした実にユニークなアイデアを考えついた優秀な学生もいました。しかし、私はその若者に「そのアイデアを大手の会社に売却してはどうか」と言いました。もちろん、彼は、私にそのビジネス・モデルがいかに優れており、将来どれだけの利益がもたらす可能性があるかを顔を真っ赤にして反論をします。

確かに、彼のアイデアに基づいてサービスを展開したら、潜在的な顧客は多いかもしれないと思います。しかし、顧客のうち何パーセントかがクレームを入れてきた場合、対応と弁償はどうするのかという質問に対して、彼は、「その時はその時に考えます」と答えました。厳しい言い方ですが、お客さんから一円でもお金をもらったら、それは立派な商売です。商売である以上、クレーム処理も含めて対処しなければいけません。そこには学生だからという甘えは通用しません。

また、この例と似た話で、投資家を紹介して下さいという映画プロデューサーを目指す若者にも会いました。彼は、その映画の企画のおもしろさを熱弁しますが、「投資家から預かったお金をどのように返還する計画がありますか?」という私の質問に対して、「映画が大ヒットして……」という言葉は発しますが、その後が続きません。「投資家というのは慈善事業家ではありません。投資家は、投資した金額に加えて利益まで回収できると期待しなければ投資しません」と私が言うと、けんもほろろに退出して行きました。

娘よ、君の父親は若者の言うことを理解しようとしない嫌なオヤジなのかもしれません。しかし、ビジネスの世界には、アマチュアは存在しません。全員がプロなのです。若いからとか、趣味の延長だからというい訳は通用しないのです。

君も将来、何かの職業につくと思いますが、人様からお金をもらう時、本当に自分のサービスや労働がその対価(代金や給料)に値しているかを、自問しなければなりません。君がもらうお金は、相手が大変な苦労をして稼いだお金なのだから。

(体も頭も硬い父より)

第5の手紙　友人に貸したお金は返ってこないものと思え

今日は、私が私のお母さんから聞いた話をしましょう。

私は商売人として苦労を重ねた母から、「お金は友人に貸してはいけない。もしどうして貸さなければいけない場合には、返ってこないものと思いなさい」と子供の頃から言われ続けてきました。友達との間でお金の貸し借りが生じると友情関係を失う。お金という生き物は、それほどパワーを持っているものです。私はこの言葉の意味をわかっているつもりでいました。

ある事情があって、私は友人にお金を貸したことがありました。もちろんそのお金は返ってこないものとして貸しました。しかし、これは本当に大失敗でした。私は友情の証として返ってこなくてもよいお金を貸しました。それでも、私は心のどこかで友人からの見返り、それは金銭的な意味ではなく、言ってみれば、「感謝の気持ち」を期待していたのです。きっとその友人は彼なりに、私に対して感謝の気持ちを示し

たのに違いありません。

しかし、感謝の気持ちという形のないものは、送る方と受ける方でその大きさを計る尺度は異なるものかもしれません。私は「これだけしてあげたのだから」と思い、友人は「これだけ返したのだから」と思っていたのに違いありません。そして、いつか「お金を借りたくらいでどうしてこんな思いをしなければならないのか」、あるいは極端な場合、「金さえ返せばいいのだろう」という捨て台詞を言われる事態まで招きかねません。

私の場合は幸運にもそこまでいきませんでしたが、少なくとも友情関係が今まで通りにはいかなくなったことは事実です。

もし、君が友人にお金を貸さなくてはならない状況ができても、たとえそのお金が返ってこないものと考えても、その友人と永く友情を維持したいのならば、やはりお金を貸さないことが懸命でしょう。お金という生き物は魔物です。残念なことに人間にとって最も重要な友情や愛情すらも打ち砕く力を持っているのです。私も母からの言葉を、今、重く受け止めています。

（今でも母が恐い父より）

第6の手紙　借りたお金は何があっても返さなければならない

私が社会人になって初めて部下を持つようになった時の話です。私は中間管理職として何人かの新人を担当することになりました。そのうちの二人（仮にA君とB君としましょう）は、年齢も近く、今までの経験も似ていましたので、非常に仲良く助け合って仕事を行っていました。

しかし、入社から数カ月が経つと、二人は口もきかないほどの犬猿の仲になっていました。ある時、A君が私の部屋に入ってきて、涙ながらに訴えました。「B君がアパートの敷金を払うためにお金を貸してくれと頼んできたのでお金を貸したのですが、返してくれません。B君に返すように言ってください」。私は問題が問題なだけに、A君の話を鵜呑みにしてB君を責めるわけにはいきませんでした。それで、同期の新人たちにそれとなくA君とB君のことを聞いてみました。

「昔はあれほど仲が良かったA君とB君なのに、最近はあまり話をしていないようだけど？」

ある新人はこう言いました。

「B君は三十万円もA君から借りておいてそのお金を返さないのです、最低な奴ですよ」

また、ある新人はこう言いました。

「A君はB君が金を返さないと皆に言いふらしているんですよ。A君とは一緒に仕事なんかできません」

私は事態が思ったより深刻なため、B君を私の部屋に呼びました。

「確かに私はA君からお金を二十万円借りました。でも借りる時に、返済はボーナスまで待ってくれると約束したのに、借りた翌週から返せと言うし、僕が金を返さないと皆に言いふらすんです。しかも借りたお金は二十万円だったのに、三十万円になっているのですよ」

この問題を収拾するのは大変でした。この問題が直接に影響したのかどうかはわかりませんが、B君もそしてA君も一年も経たずに会社を辞めていきました。二人の言い分は最後まで平行線で、結局どちらが正しかったのかは今でもわかりません。しかし、A君もB君も、社会人としての評判を落としたのは言うまでもありません。

この例からもわかると思いますが、君がお金を借りなければならない状況においては、絶対に友達から借りてはいけません。きっと君ならば理解してくれると思いますが、友達に借りたお金は「返すのは後でよい」と言われても、借り得とは思わないでしょう。友達と友情を保ちたいのなら、絶対、お金を借りてはいけません。返せない、あるいはもっと悪いのは借りたことすら忘れてしまうことですが（それは金額の多寡によりません）、そのような状況になった場合には、君は確実にその友達を失い、そして、社会から信用を失うでしょう。

本来友情とは、対等な関係でなければ成り立たないものだと思います。特定の能力においてはどちらかが勝り、どちらかが劣ることはあります。しかし、友情が永く維持されるためには、総合的に考えて対等でなければなりません。君が友達からお金を借りると、対等な関係が崩れて、お金を貸した人とお金を借りた人という主従関係になってしまいます。それがもし、借りたお金を返せない、あるいは借りたことさえ忘れてしまう状況になると、主従関係ですらなく、嫌悪感や憎しみが生じるようになります。そうなると、二人だけの問題では終わらなくなります。

その友達がこの状況を嘆き、他の人にその事実を伝えた場合（悲しいもので、こういう状況では、人間はえてして他の人にこの不幸を訴えるようです）、君は無責任な奴ということで社会からの信用を失いますし、友達もお金に汚い奴などと社会から思われて損をするのです。このような悲劇はどうして生じるのでしょうか。それは友人からお金を借りたためなのです。

たとえば、電車賃のような小額のお金を借りなければいけない状況においては、借りた事実を忘れないように、借りたお金を財布の中に入れた時に、いつ、いくら、誰から借りたかを書いたメモを同時に君の財布の中に入れるようにするとよいでしょう。しかし、何よりもすぐに返済することを心がけましょう。

（娘から電車賃を借りたことがなかったかと心配になった父より）

＜改めて「金持ち父さん」を読んでみると ①＞

「金持ち父さん」では、五つの障害を乗り越えることを勧めています。その四番目の障害として説明されているのが、「自分への支払いを後回しにする習慣」です。

『『支払わなくてはいけない』というプレッシャーが原動力になるんだ。そして、お金を借りている相手がうるさく言ってこないようにと、よぶんな仕事をしたり、新しい会社を興したりしたり、株の売買を始めたりするようになる。私はそうやってきたんだよ。そのプレッシャーのおかげで私はより一生懸命働くようになり、必死で考えるようになった。」（二二九頁）と解説しています。

もちろん、著者のキヨサキ氏も、「借りたお金を返すな」とまでは言っていませんが、返済のプレッシャーを自分の金儲けに向かわせるために使うことを推奨しているのです。このような考えに賛同できますか？しかし、「金持ち父さん」は決して非難の対象ではなく、賛美の対象として世界の大ベストセラーになっているのです。私の抵抗は、それこそ蟻一匹の抵抗にしか過ぎないかもしれません（本の販売量から言えば、蟻の抵抗にもなっていませんが)。しかし、同氏によれば、貧乏父さんは仕事や支払いに追われる「ラットレース」から抜け出ることができないと言っていますが、実は、金持ち父さんこそが、自ら作ったプレッシャー(しかも、他人から借りたお金を犠牲にして)に追い回される人生になっているのではないでしょうか。

私の主張に対して、どんな場合であっても借りたお金は返さなければならないのかという反論もあるかと思います。確かに、どうやっても借金を返せないような状況では、自己破産という救済手段があります。債務者自身が裁判所に申し立てをして、破産宣告を受けた場合には、生活をするうえで必要最低限の家財以外は没収されますが、借金は帳消しにされます。借金を苦に自殺するくらいならば、自己破産をして、人生の再スタートを切らせるべきではないかと言われる方もいると思います。

それはその通りです。実を言うと、私の父も生涯において、一度ならず二度も自己破産をしています。私が大学まで進学できて一定の生活ができたのも、言ってみればこの自己破産という制度のお陰なのです。だからこそ言いたいのです。自己破産は最後の手段であって、安易に使ってはいけないのです。

第7の手紙　保証人にはなってはいけない

君は「保証人」という言葉の意味を知っていますか？　今日は、保証人という言葉の重さを説明しましょう。

私が子供の頃、近所に何代も続いた老舗の商家がありました。その家は、門構えからして他の家と異なり、重厚で威厳がありました。その家には、私より二つ上のお兄さんと四つ上のお姉さんがいました。そのお兄さんは、勉強ができるうえにスポーツもでき、私の憧れの存在でした。お姉さんは、田舎では珍しく清楚で上品な美人で、いつもピアノを弾いていました。私が今でも「お嬢様」という言葉から連想するのは、そのお姉さんのことです。

そんな誰もが羨む名家の家族がある日突然、町からいなくなったのです。いわゆる〝夜逃げ〟をしたのです。その家の商売は非常に安定しており、商売で失敗することは考えられません。近所ではその名家の夜逃げの原因を巡って大変な騒ぎになりました。

こんな時、その原因としてでてくる話は、酒、女（愛人）、賭けごとです。この名家もこういった根も葉もない噂の対象となりました。また、「大体、俺はあの家の金持ちづらした態度が気にくわなかったんだ。これは天罰だね」と言う人も出てきました。

悲しいことですが、人間というものはそんな残酷な面を持っているのも事実なのです。特にもし君がお金のことで失敗すると、君のまわりにいる人ですらなにを言い出すかわかりません。お金とはそんな魔力を持った生き物なのです。

数カ月して、その家族は町に戻って来ました。そして、夜逃げの原因がわかりました。その名家の主人が、頼まれて友人の保証人になっていたのだそうです。保証していた友人の事業が失敗し、その友人が夜逃げをしたということです。

保証契約に基づいて、債権者が保証人である名家の主人のところへやって来て、あの立派な家屋敷に限らず、すべての財産を持っていったそうです。この債権者の取立てがあまりにも厳しかったため、一時期身を隠していたのです。その名家の家族は町には戻ってきましたが、もう「名家」ではありませんでした。町はずれの小さな家を借り、あのお姉さんのピアノの音はもう聞くことができませんでした。

私は、父や母そして祖父母からも、「どんなに親しい人から頼まれても絶対に保証人になってはいけない」と言い聞かされていました。私は子供心に、名家であった家族が住んでいる小さな借家の前を通るたびに、「保証人」というのはなんと恐ろしい制度だと実感していました。

保証人になるということほど割に合わないものはないと思います。保証人になるためには、単に契約書の保証人の欄に判子を押すだけです。そんな簡単な行為だけなのです。もし、友人の事業が成功していたならば、その友人はお金持ちになっていたでしょう。しかし、保証人である名家の主人には、何の利益も生じません。保証人になってもらうには単に判子を押してもらうという行為であるため、ひょっとしたら保証人になってくれたことさえ忘れられるかもしれません。

しかし、保証人となった相手が借金を返済できない場合には、容赦なく保証人に借金の取り立てが来ます。保証人とは、成功してもなんの見返りがなく、失敗した時のリスクだけを負わされる割りに合わないものなのです。

私が私の父や母、そして祖父母からも何度も言い聞かされていたことを、君にも伝えなければいけません。どんなに親しい人から頼まれても絶対に保証人になってはいけない。たとえ何かの理由でどうしても保証人にならなければならない事情が生じた場合でも、保証人になってはいけない。その場合には、返ってこないつもりで自分の持っているお金を貸しなさい。そうすれば、君にはそれ以上の被害は生じません。それが君を守ってくれる知恵です。

私の子供の頃に比べて、この保証人という仕組みで不幸な思いをしているケースがますます増えているはずです。しかしきっと君はまだ、この怖さの実感がないかもしれません。私の子供の頃は、善きにつけ悪しきにつけ、近所の目ということを気にしていました。このような近所のとりとめもない噂が、世の中の仕組みを私に教えてくれました。現代は世の中の仕組みが複雑になっているにもかかわらず、その世の中を知る手段がなくなりつつあります。

君はまだ学生ですが、世の中の仕組みを教えるには早すぎるということはありません。私は君に世の中の仕組み、さらにそこから見えてくる、人の弱さや素晴らしさを教えていかなければならないと思っています。そして君が親になった場合には、君の子供が今の君と同じ年頃になったら、ぜひこの話をしてもらいたいと思います。

（君の人生の保証人である父より）

＜金融危機を深めた保証の交換＞

リーマン・ブラザースの倒産から始まった世界的な金融市場の混乱が深刻化しています。この混乱の一つの元凶として、クレジット・デフォルト・スワップ（CDS）という金融派生商品（デリバティブ）があります。

現代の金融は「金融工学」と言われるように、高度な理科系の理論が中心となっており、三十歳を越えたらついていけないと言われています。私は金融が専門ではありませんし、仮に二十代であってもそのような複雑な理論を理解することはできませんでしたので、その詳細を語ることはできません。

しかし、その高度の金融理論に基づいて作られて仕組みが、結果的にどのようなことを引き起こしたかということを語ることはできます。このCDSなる商品は、簡単に言うと、お金を払って保証人になってもらうということに近いものです。例えば、A社がB社にお金を貸す時に、A社はB社が貸したお金を本当に返済してくれるかが心配になります。そこにC社が現れて、自分が保証人になるから保証料をくれという

ものです。もし、C社の安全性が高ければ、A社は心配なくB社への融資をすることができます。

ここまでの話なら問題は生じません。しかし、現代社会、特に金融の世界では情報が限りなく共有され、非常に小さな世界の中で莫大なお金が動くようになっています。例えば、C社の安全性が高いと判断した理由は、D社が保証しているからであり、そのD社の安全性はA社が保証していたらどうでしょうか？

「赤信号みんなで渡れば怖くない」ではありませんが、C社とD社がその安全性に問題がなければA社は確実に貸付金を回収できるのですが、二社のうち一社でも倒産するようなことがあれば、A社が損失を計上するリスクは大きくなります。さらに、現実の金融の世界においては、A社の資金は、元を辿ればD社からの借入だったということがあります。A社がB社に対する貸付金を回収できないことにより倒産した場合には、その資金を出したD社も倒産するかもしれません。

要するに、他人を保証人にしたつもりが、その保証人は自分自身だったということなのです。これでは保証の意味がありません。信用リスクを遮断するために精巧に考えられた金融システムは、それを小さな世界で繰り返すことで、信用リスクを伝播《でんぱ》するという悪循環を起こすという反対の結果を作り出してしまったようです。

このような問題を家庭のことに関連させて考えてみますと、絶対に行ってはいけない行為は、子供を親の保証人にするということなのではないでしょうか。

私は、中学生の頃、相続放棄さえすれば、親の借金は子供に引き継がれないと知って、すごく安心したことを覚えています。しかし、その借金に対して子供が保証人になっている場合には、相続放棄しても保証人に返済の義務が引き継がれます。もちろん、未成年者は保証人になることはできませんが、子供が成年になっても子供を保証人にすることは親の責任として、すべきではありません。

親というものは、法律的にもまた道義的にも、子供の保証人であるという立場を捨てることはできません。しかし、法律的な意味に限らず、子供が親の保証人になるという状況は絶対に避けなければいけないと思います。

第8の手紙　銀行と消費者金融と質屋の差

君は銀行と消費者金融（昔は「サラリーマン金融」、略して〝サラ金〟と言った）と質屋の差を知っていますか？確かに三つとも家庭にお金を貸してくれるという共通点があります。だから、君は、ひょっとして何となく三つは同じもののように思ってはいないでしょうか。しかし、この三つは全く違うものであり、君の人生においてその違いを明確に理解しておく必要があります。今日は、まず銀行について説明しましょう。

君も銀行に自分名義の預金口座を持っています。銀行のビジネスは、そうやって一般の人から広く預金を預かり、そのお金を使って事業を行っている企業や不動産を購入する個人に貸付を行うことです。銀行も商売をやっており、利益を出さなければなりません。

したがって、貯蓄者にたとえば年一％の利息を払ったならば、貸付は年率一％以上で貸し付けなければなりません。もし、年率三％で貸し付けたとしますと、銀行は年二％の利益を上げたことになります。

もし、君が百万円を年率一％の条件で貯金をした場合、一年後には百一万円になっています。君の預けた百万円を使って、銀行が優良企業に年率三％の条件で貸付を行った場合には、その企業は一年後には元金の百万円と一年間の利息である三万円の合計である百三万円を銀行に返済しなければなりません。銀行の立場からすれば、企業から返済してもらった百三万円のうち百一万円は貯蓄者である君に返さなければなりませんので、この取り引きから年間二万円の利益を上げたことになります。

銀行はタンスの中にしまってあったお金（このようなお金を〝タンス預金〟と言います）を、広く一般から集め、お金を必要としている事業へ貸付をすることで、社会にお金という血液を循環する心臓のような働きをしています。「金は天下のまわりもの」と言いますが、資本主義の社会においては、銀行はお金を社会全体に循環させる重要な役割を果たしてきました。

ここで気をつけなければならない点は、もし、この企業が一年後に百三万円を返済できないとすると、銀行が非常に困るということです。なぜなら、君の預金と一年間の利息の合計である百一万円は、何があっても君に返済しなければならないためです。

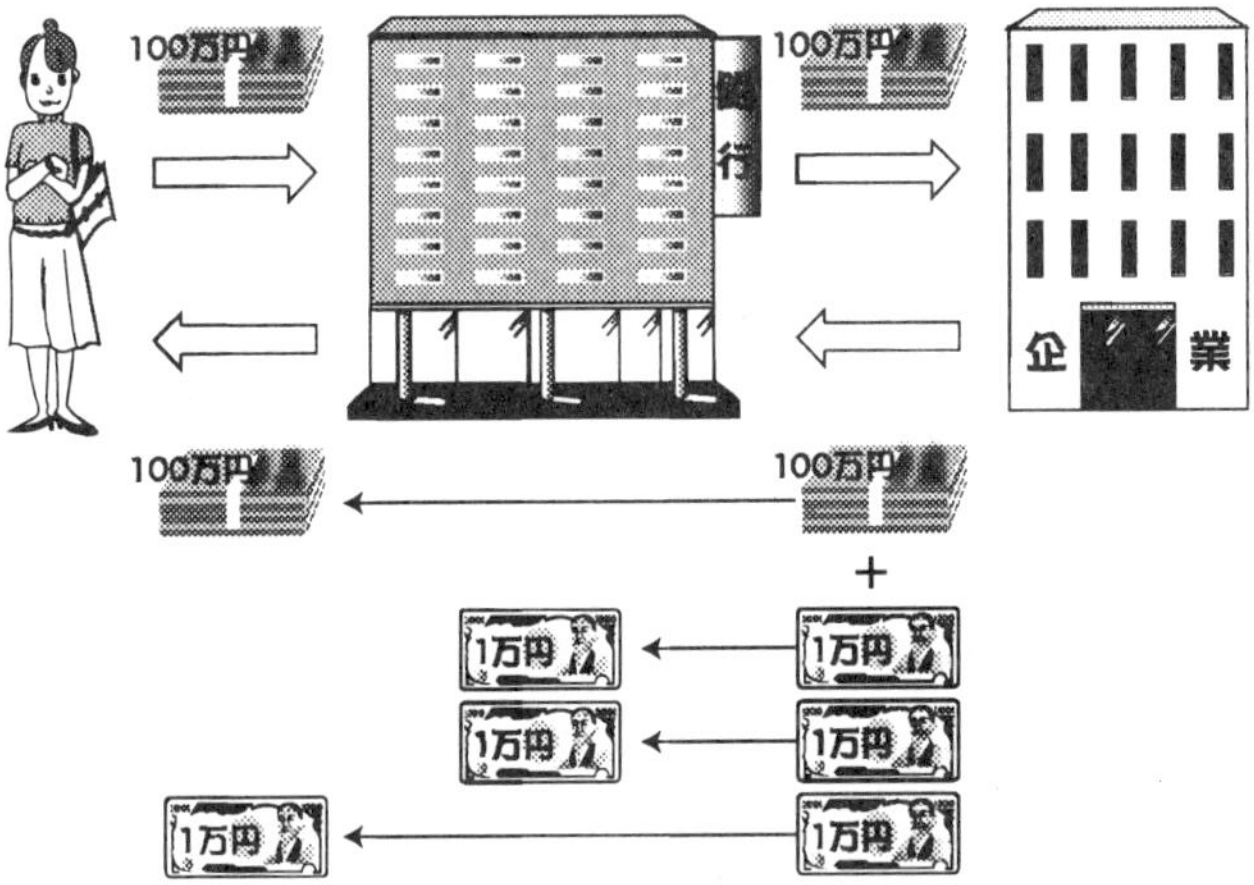

そのため銀行は貸付をするにあたって、その相手が十分な資産を有しているか、また、事業計画はしっかりしたものかなどを非常に厳しく審査します。

銀行はよく保守的であると言われますが、それは銀行の業務の性格上、仕方がないことなのです。むしろ銀行は保守的でなければ困るのです。

戦後の日本の経済は、家庭にあるお金が銀行に預金され、銀行を通して優良な企業に貸し付けることで、世界でも類を見ない大成功を収めてきました。しかし、一九八〇年代後半に入って〝土地転がし〟という言葉がよく口にされたのですが、銀行は土地の値段が必ず上がるものと信じて、土地さえ持っていれば貸付金は返済できると勘違いして、本来保守的でなければならなかった銀行が過剰な融資を繰り返しました。このような状況を〝バブル経済〟と言います。

〝バブル〟とは〝泡〟のことで、大きく膨れ上がった経済も、実は土地の見かけ上の価値だけが膨れ上がっていて、実態の伴わない泡と同じであったのです。むしろこれは本当にほとんどの日本の銀行が反省しなければいけないことですが、銀行側が企業に過剰なお金を貸して土地転がしをするようにあおっていたという状況もありました。

そして、一九九〇年代の初めから土地の値段が下がりはじめ、銀行が貸したお金を回収できなくなるケース（このように回収できない債権を〝不良債権〟と言います）が増えてきました。そして、私が子供の頃には信じられなかったことですが、あの保守的という言葉の代名詞であった銀行自体が倒産するようになりました。

もし、銀行が倒産したなら、君の預けた預金は戻ってこないかもしれません。したがって、君が銀行に預金する場合には、その銀行が健全な経営をしているかを注意深く調べる必要があります。そして、生きていく知恵として、一つの銀行だけに預金を集中することを避けるべきです。いくつかの銀行に預金を分散しておけば、万一ある銀行が倒産しても被害を最小限にとどめることができるのです。現在の法律ですと、銀行が倒産しても貯金は一千万円までは、元金とその利子を保証する制度となっていますます（これをペイオフ制度と言います）。君たちの時代はこんなことまでも考えなければならない大変な時代になっていくでしょう。

私は、低迷を続ける日本経済の再生のポイントは、経済社会の心臓である銀行が、銀行本来の役割と責任を果たすことにあると思っています。

（バブル経済の中でもお金持ちになれなかった父より）

＜金融資本主義の驕り＞

私がこの本を最初に出版した時、「注意すべき事項は理解できるが、具体的にどうしたらいいのかがわからない」や、「著者は資格を持っていて金銭的に余裕があるから悠長なことが言えるが、現実の生活はもっと厳しいものだ」という批判をいただきました。

正直言いまして、このような批判は、体の割には小心者である私にはかなりこたえました。確かに、この本には、具体的な方策がほとんど書かれていません。しかし、お金の世界においては、こうすれば絶対大丈夫ということを言ってはいけないということが私の言いたかったことなのかもしれません。そんな最も重要なメッセージですら伝えることができなかったことは、私の筆足らずによるもので、お詫びを申し上げるしかありません。

今回の金融不況の原因は、一口に言えば、避けるべき対象であったリスクというものを、反対に投資の対象にしてしまったというところにあると思います。例えば、米国における低所得者向けの住宅ローンは、焦げ付く可能性の高いリスクの高い投資対象でした（だから、プライムローンではなく、サブプライムローンという名称が当てられた）。しかし、複数のローンを束ねたうえで、それを平均的に小口化したり、保証業者による保証を得ることで、形の上では回収が不能となるリスクを軽減した状況を作り出しました。

しかし、低所得者の多くは（金融機関が想定していた割合を超えて）、自分の所得水準では住宅ローンを完済できるとは思っていなかったようです。ローンが払えなくなっても、その頃には住宅価格が上がっているから、それを担保に追加の借入をするか、住宅を売却すればいいと思っていました。確かに、景気があのまま右肩上がりで継続すれば、そのリスクは実現することはなかったかもしれません。

しかし、景気は変動するものであり、永久に続く好景気はありません。結果的には、多くの住宅ローンは滞留し、住宅価格は暴落し、さらには保証業者すらもその保証能力を超え倒産するという状況になっていきました。ノーベル賞もとるような数字の達人たちが考え出した様々な金融テクニックを駆使しても、結局のところ、景気は変動するものという当たり前の前提を忘れていたか、その波の大きさを過少評価していたと言わざるをえません。

ところで話は変わりますが、昨年の北京オリンピックは、そのスケールの大きさに度肝を抜かれました。私が一番驚いたのが、開会式の雨天を避けるため、ロケット弾を発射し雨雲を散らしていたことです。人類は天候すらもコントロールできるようになったのでしょうか？　私にはそれは無理があるように思えます。

優秀な人間ならどんなリスクもコントロールできるという過信は非常に危険なことだと思われます。リスクに対して人間がせいぜいできることは、その脅威を認識しつつ、おっかなびっくりとつきあうことぐらいしかできないのではないでしょうか。私の本は、そんなおっかなびっくりな生き方を勧める本だったのかもしれません。

第9の手紙　消費者金融に行くなら質屋に行け

これからの君の人生は長い。君がこれからの人生をどんなに慎重にかつ賢明に生きても色々なことが起こるでしょう。それが人生というものです。

しかし、私は人間の価値とは、人生に何度成功をしたかではなく、人生に何度困難から抜け出すことができたかによって判断されるべきだと思っています。順風の時は誰でも勢いがありますから、なにもしなくても前へ進むことができるものです。逆風の時こそ、その人の真価が試されるものなのです。

できることなら避けてもらいたいことですが、君の人生において、その日の食べるものがないほど、お金に困ることがあるかもしれません。しかし、そんな時であっても、決して消費者金融を利用してはいけません。これは私の遺言だと思ってください。

私の子供の頃は、消費者金融のことを〝サラ金〟と呼んで、非常に悪いイメージを持っていました（その昔は〝高利貸し〟と呼んでいました）。ところが、現在では消費者金融が、テレビで非常に明るいイメージのコマーシャルを繰り返し行い、おそらく君も消費者金融に対して、そんなに悪いイメージを持っていないかもしれません。

銀行は、お金を貸す場合、相手の返す能力や資力があるか十分に吟味した上で貸し付けます。しかし、消費者金融というのは、返す能力を充分に吟味せずに（極端な場合返済する力のない人にまでも）お金を貸します。しかも銀行からの融資と違って、非常に高い利息を付けます。この利息に、大変な落とし穴が潜んでいます。

たとえば、年率二九％の約束で百万円を借りたとしましょう。一日に付く利息の金額は、わずか約七百九十五円（100万円×29％÷365日）ですが、一カ月が経てば、その合計額は約二万三千八百三十六円になります。仮に、一年間全く返済をしなければ、返済しなければいけないお金の合計は、利息にも利息が付いて、百三十二万六千六百七十円になります。そして、三十カ月を過ぎると、返済しなければいけないお金の合計は、二百万円を超え、元々借りた金額の二倍を超えるようになってしまうのです。一日たった七百九十五円と安易に考えてはいけません。利息の計算のマジックは本当に恐ろしいものなのです。

反対に、年率二九％の約束で百万円を借りた人が、例えば、三年間でこのお金を返済しようとすると毎月いくら返済しなければいけないかわかりますか？

答えは、三年間にわたって毎月約四万一千七百円を返済しなければいけないのです。百万円の借り入れをしなければいけなかった人が、その後、三年間にわたってそれだけの金額を返すのはかなりの努力と根気が必要だと思います。返済金額の総合計は、約百五十万円になります（4万1,700円×36ヵ月）。元々の借入額が百万円ですから、三年間で五十万円の利息を払うことになるわけです。

この文章を読んで、不法なヤミ金融ならいざしらず、正式に免許を得て消費者金融のビジネスを行っている企業は高い金利を付けていないと反論する人がいるかもしれません。しかし、誰もいきなりヤミ金融には行きません。免許のある消費者金融から借りたお金が返せなくて、ヤミ金融に行くのです。

高利貸し、サラ金、消費者金融と、この商売はいつの時代にでもありました。ある意味においては、社会の必要悪なのかもしれません。それでも昔は、金を借りる方も貸す方も後ろめたさを感じていましたので、よほどの事情がない限り、このようなところからお金を借りることはありませんでした。

しかし、現在はどこの駅前にも消費者金融があり、明るいイメージのテレビコマーシャルが頻繁に流され、実際の借り入れも、人とは会わなくてもできるようになっています。また、クレジットカードで分割払いによる支払いをする場合も本質的には、お金を借りているのと同じです。現在の世の中は本当に気軽に、全く抵抗なくお金を借りることができるようになっているのです。社会の必要悪が堂々と市民権を得てしまったのです。

もし、君が本当にお金に困った時、質屋を利用することを考えてください。質屋と言うと、君は暗いイメージを持つかもしれません。しかし、その仕組みはお金に困っている人には良い制度だと思います。

質屋も消費者金融も、お金を貸すということにおいては変わりありません。しかし、質屋からお金を借りるときは〝質草〟という担保を差し出さなければいけません。もし、期日までお金を返せない場合には、その質草が返ってきません（これを〝質流れ〟と言います）。

質屋は、この質流れの品を他の人に売って返済されなかった貸し付け金を回収するのです。質屋からお金を借りた場合には、期日までに借りたお金を返済できなくても、質草として差し出した商品が戻ってこないだけなのです。消費者金融とは、ここが大きく異なります。消費者金融からお金を借りた場合には、期日までにお金を返せなかったなら、借入金が金利とともにますます大きくなっていきます。

質屋も商売ですから、どんなに高価だと思う品物を質草に差し出しても、貸してくれるお金は非常に小額なものとなります。もし君がお金に困るような状況になったなら、まずやるべきことは、生活のレベルを下げることです。どんなに高価で大切なものであっても、消費者金融からお金を借りるより、それを手放すべきなのです。

質屋でお金を借りる場合には、その質草でいくらお金を借りることができるか、質屋と顔を合わせて話をしなければなりません。それは恥ずかしいことでしょうし、嫌なことです。その時に十分に嫌な思いをしてください。そして、どうしてこんな状況に至ったのか、冷静に反省すべきです。

私は小説を読むのが好きです。そこには自分の人生や社会に疑問を持ち、悩みながら成長をしていく主人公たちが質屋でお金を借りるシーンがいくども描かれています。小説の中の質屋のオヤジは、時にはケチであったり、人情家であったり、また、「こんなところに来るもんじゃない」と説教好きであったりと、そこには人と人のドラマがあります。

私は、最近の消費者金融の隆盛ぶりを見て、もっと質屋が活躍することを期待しています。お金の話だけでありません。君は地球の環境問題に興味を持っていますが、質屋は立派なリサイクルシステムなのです。君はもう忘れてしまったかもしれませんが、君が中学生の頃、私が君を質屋に連れて行ったのは、実はこういう思いが込められていたのです。

（洋服のサイズが大きすぎると、リサイクルショップから断られた父より）

＜グレーゾーン金利＞

さすがに娘もこの文章を読んで、消費者金融を利用する危険性を認識してくれたようです。それだけでもこの本を出版した意味があったと言えます。この本を最初に出版した後の出来事として、消費者金融が貸す貸付金の金利に関して、二〇〇六年に最高裁判所が画期的な判決を出し、その判決を受けて、貸金業法が改正されたことを付け加えておく必要があります。

私の文章においては、消費者金融に払う金利として「年率二九％」を用いて説明していましたが、それは、「出資法」という法律で定めた上限金利です（正確には、年率二九・二％）。しかし、「利息制限法」という別の法律における上限金利は、元本が十万円未満の場合には二〇％、元本が十万円以上百万円未満の場合には一八％、元本が百万円以上の場合には一五％ということになっています。

このように、上限金利を定める二つの法律があり、二つの法律で定めた上限金利の差の部分は、「グレーゾーン金利」と呼ばれていました。しかしながら、多くの消費者金融は上限金利の高い出資法の規定を根拠として、年率二九・二％を用いていました。その理由としては、利息制限法の中に上限金利を超える利息を任意に支払った場合には、返還を請求することができないという規定があったためです。すなわち、その当時の消費者金融は、顧客が「任意で」グレーゾーン金利を払っていると解釈していたのです。

ところが、前述の最高裁の判決は、「債務者が事実上にせよ、強制を受けて（利息制限法で定める）利息の制限額を超える額の金銭の支払いをした場合には、自己の自由な意思によって支払ったものとはできない」として、顧客が「任意で」グレーゾーン金利を払っているという消費者金融の解釈を否定しました。これにより、消費者金融は利息制限法で定めた上限金利を超えて請求することはできなくなり、また、債務者が過去に払ったグレーゾーン金利に対応する金額の返還請求が始まりました。かつて日本でこれほど儲かる商売はないと揶揄された消費者金融は、債務者による返還請求に応えるため、軒並み赤字になりました。

第10の手紙　お金は墓場に持っていけない

「悪貨は良貨を駆逐する」（Bad money drives good money out of circulation.）という言葉があります。これは、イギリスの財政家であるグレシャム（Thomas Gresham）という人の言葉です。

ここに、「一万円金貨」があったとしましょう。そして、同じ一万円の価値を持つ金貨にも、金の含有量が十グラムのものと五グラムのものの二種類があったとします。君ならどっちの金貨を使って買い物をしますか？　君は金の含有量が十グラムの金貨を財布にしまい、含有量が五グラムの金貨で買い物をすることでしょう。

このようにグレシャムも、同じ名目価値であっても、その実質価値が異なる貨幣が共に流通した場合には、良貨が消え、支払いには悪貨だけが使われることになると言いました（「グレシャムの法則」）。この言葉は、単に経済学上の概念としてのみ使われず、転じて、悪人のはびこる世の中では、善人は不遇であるという意味にも使われています。

額に汗して稼ぐお金は尊いものです。しかし、お金はあたかも生き物のように、そしてすごいパワーを持って人間を支配するものです。そんな二面性を持ったお金とどうやってつきあっていくべきか、君は迷うことでしょう。君は迷って当たり前です。「賢い人間はお金持ちになれるが、お金は人を愚かにする」ということわざもあります。人類の歴史はこのバランスをどこに置くのかを悩みながら発展してきたとも言えると思います。しかも「悪貨は良貨を駆逐する」の言葉と同じように、そのままにしておくと、人間を支配する醜い顔のお金が、尊い顔のお金を駆逐する傾向があるのです。

私も明確な基準を持っているわけではありませんし、私自身もいつも醜い顔を持ったお金のパワーに負けそうになります。しかし、君にヒントを与えることはできます。それは言い尽くされている言葉ですが、「墓場にお金を持って行くことはできない」ということです。

人は必ず死にます。そして他の生物と同じように土に返るのです。そんな時に財産やお金を持っていても何の意味もありません。君のこれからの人生において、お金を手にすることやお金を手にしようとすることがある場合、自分に問いかけてみてください。「そのお金は尊いお金か？」、「自分がお金に支配されていないか？」、さらに、「このお金は墓場には持っていけないものだが、それでもこのお金を手にすることに意味があるのか？」と駄目押しをしてみて下さい。

私の母方の祖母（君の曾おばあさん）は、九十歳を超える大往生でした。苦しまないであの世に送ってあげたいという母の祈りが通じたのでしょう、体温が下がったと思ったら、亡くなっていたそうです。私は棺の中の祖母の顔を見て驚きました。祖母の顔は十五年前に亡くなった祖父の顔にそっくりだったのでした。

祖父は亡くなる前、祖母の手を握って「お前を一人で残していくのは心配だ。一緒にあの世に行こう」と言ったそうです。祖母は体が弱く、その当時としては珍しく、子供は娘一人（母）しか産むことができなかったそうです。当時、私の父の事業が失敗して妻である私の母も大変な時期を迎えていました。この先、祖母の面倒を見なければならない唯一の子供である私の母がそんな状況だったので、祖父はそのようなことを言ったのだと思います。

私は、祖母の顔を見て、あの優しい祖父が迎えに来たのだと思いました。祖母の葬式は身内だけの本当に質素なものでした。祖母は若い頃、祖父とともに商売をやっていましたが、結局これといった財産をなにも残すことはありませんでした。しかし、あの優しい祖父に愛されて亡くなった祖母ほど幸せな人はいないのではないかと思います。

君もいつかは土に返ります。君が生きていく上で、お金とはうまくつきあっていかなければいけません。どうやってそのお金と付き合っていくかに悩んだ時には、お金はお墓まで持っていくことができないということを考えてみるとよいでしょう。

（お墓に入っても君の味方である父より）

第11の手紙　本当の勝負は最後にある

君は私がこのように偉そうな話をするものだから、ひょっとして私にはかなわないと思ってはいないだろうか？でも心配しないで下さい。君と同い年の時の自分を思い出すと、はるかに君の方が優秀です。しかし、私は子供の頃から辛いことも楽しいことも含めて多くの貴重な経験をしてきました。今となっては本当にそれらが私の財産になっています。

幸か不幸か、君にはそのような経験がありません。私の話は君には説教臭く感じるかもしれませんが、がまんして聞いてほしいと思います。そうすればきっと君は私を超えることができるでしょうし、そうしてもらわなければ困ります。

私には、祖父から貰った大切な宝物があります。それは日光観光のお土産で、徳川家康の言葉が書かれた置物です。私は小学生の頃、勉強がまったくできませんでした。もちろんそれは、私の才能や努力が足りなかったためですが、その当時は父の事業が忙しく、両親が私の教育まで手が回らなかったことや、その父の事業を巡って両親が毎晩口論を繰り返していたことも原因だと思います。

そのなかで、私が勉強に興味を持てたきっかけは、祖父と一緒に時代劇を観るようになり、歴史というものに興味を持つようになったためです。特に、私は、信長、秀吉、家康と続く戦国時代が大好きでした。祖父は凡庸な私をみて、「苦労して最後に天下を獲った家康の生き方を学びなさい」と教えてくれました。

人の一生は重荷を背負って遠き道を行くが如し急ぐべからず
不自由を常と思えば不足なし
心に望み起こらば困窮したるときを思い出すべし
堪忍は無事長久の基
怒りは敵と思え
勝つことばかり知りて負くることを知らざれば害その身に至る
己を責めて人を責むるな
及ばざるは過ぎたるに勝れり

（徳川家康公遺訓）

君も知っていると思いますが、これはママが私の机の上を掃除するたびに片付けようとするあの鉄製の置物です。この言葉の意味は小学生、しかもできの悪い私には難解でした。

心の優しい祖父は、この置物を私に見せて、「じぃちゃんは、商売のことしか分からんけど、どんなに高価ないい商品を仕入れても、商売は成功せんよ。商売には頭を下げることや我慢することが大切。しかもだよ、頭を下げることや我慢することはタダだよ。タダなんだから利用せんと損でしょ。家康さんもがまんにがまんを重ねて、最後は天下をとられた。最後に勝った人が一番立派な人なんじゃ」と説明してくれました。

当時の私は両親のけんかを見るたびに、現実の世界から逃避するようになっていました。そんな時、私の救いは、優しい祖父と過ごす時間でした。祖父と同じテレビ番組を観て、祖父が行う商売の様子を見るのが私の喜びでした。

祖父は丁稚奉公から、小さいながらも自分の店を持った苦労人でした。学校もろくに出ていませんでしたから、私に学校の勉強を教えることはできませんでしたが、現実から逃避していた私に商売人の言葉で我慢することの大切さや、どんなに辛くても人に当たってはいけないことを教えてくれました。

もし私が利発な子供であったなら、祖父はきっと私に、信長や秀吉の生き方や言葉を教えてくれたに違いありません。しかし、その後の人生で、祖父の言葉は本当に役に立ちました。受験の時、仕事で行き詰まった時、父が事業で失敗した時、私は祖父の「負けて勝つ」あるいは「最後に勝った人間が本当に勝った人間」という教えを自分に言い聞かせて、がんばることができました。

祖父は、いつも私を膝の上に乗せて、私の頭をなでながら「お前が偉い人になってくれることが、じぃちゃんの夢だ」と言っていました。どうして祖父がこんな落ちこぼれの自分に夢を持ってくれるのか不思議でしたが、祖父の悲しい顔だけは見たくないと思いました。私は祖父が望むその「偉い人」になれませんでしたが、私の人生において、商売人である祖父は最も尊敬できる大切な人でした。

君の人生においても、負けて勝つことや勝負は最後にあることを理解して下さい。

人生は重荷を背負って遠き道を行くものだから。

（今でも君のことを膝の上に乗せても構わない父より）

第12の手紙　子孫のために美田を残さず

昨日は祖父から教えてもらった言葉を説明しましたが、今日は父から教えてもらった言葉を君に説明しましょう。

父から教えてもらった言葉は、幕末の志士である西郷隆盛の「子孫のために美田を残さず」という言葉です。この言葉の意味は、子孫に苦労しなくてもお米が獲れるような美田を残すと、その子孫はお米を作るための苦労や収穫のありがたみを忘れ、努力をしなくなり、美田もやがては荒地になってしまう。水田が単に荒地になっただけならば、また耕せばよいのですが、もっと恐ろしいことは、その子孫たちが努力を嫌がる体になってしまうことです。

私の父は商売人でした。子供の頃から私にこの精神を植えつけてきました。父は最終的には事業に失敗しましたが、この精神を植え付けてくれたことは本当に感謝しています。父は「おまえに投資はするが、財産は何も残さない」と公言していました。私への投資とは、教育を意味していました。父は事業が失敗して家計がどんなに苦しくなっても、私の教育にかかるお金だけはケチることはありませんでした。

事業には必ず波があるものです。父の事業が一時期成功した時などは、地方の長者番付のトップになったこともありました。私に父の事業を継ぐべきだと言う人もいましたが、私は父の事業を継ごうという気はありませんでしたし、父も一度もそんなことを口にしませんでした。

私は、会計士になって「子孫のために美田を残さず」にもう一つの意味があることに気づきました。それは、先祖が美田を残したがために、本来争わなくてもよい親族間に争いが起こることへの戒めであるということです。

私は職業柄多くの成功者に会うことができました。これらの成功者に会うことができたことは、私のかけがえのない財産です。しかし、一族から一人の成功者が出ると、親族たちが成功者の財産を狙って群がってくる姿も何度も見ました。

相続財産の配分を巡って、テレビドラマにあるような親族間での骨肉の争いを何度か私は見てきました。人間とは不思議なもので、当初は自分が財産をできるだけもらえるように争っているのに、自分が期待していた財産をもらえないと知ると、今度は争っていた相手に財産を渡したくないと考えるようになるのです。たとえ親族であっ

ても、自分で築き上げたものでない財産を当てにすることはよくありません。さらに、財産分与で争った相手方に財産を渡さないための策を練るのは、子孫に美田を残したことによって生じる弊害です。
成功者の財産を元手に新しい事業を起こしたいという親戚もたくさん見てきました。成功者からそのビジネスプランを客観的に見てほしいという依頼を受けたこともありましたが、どのプランもいいものはありませんでした（会計士は、ビジネスが成功するかどうかを判断することはできませんが、失敗するものかどうかの判断をすることはできます）。
起業家にとって、事業の元手を調達する

ことは、事業の中でもっとも困難な事項なのです。それをたまたま親族に成功者が出現したということで頼ってはいけません。もっとも大事な努力を怠ったそれらのプランは、どれも見込みが甘く、さらにその親戚の人たちには、企業家としての最も大切な責任感と熱意が感じられないのです。

私は私が父から受けたように、できるだけ君への投資はしてあげようと思いますが、決して美田は残しません。そのことは今から宣言しておきます。

（美田を持ってもいないのに、「美田は残さない」と言う父より）

＜勝海舟の金銭哲学＞

娘に、「どの手紙が一番心に残ったか？」という質問をしたところ、「この手紙だ」という答えが返ってきました。その理由は、この手紙で言っている内容が、娘にとっては意外だったからです。娘は私が何らかの美田（？）を残してくれるものと思っていたようです。この手紙は、そんな娘の甘えに警鐘を鳴らすことができましたし、少し矛盾する言い方ですが、娘が私に甘えを持っていたことを知って、何だかうれしい気持ちになったのも正直なところです。

さて、我が家では家族全員が雁首をそろえて一つのテレビ番組に熱中しました。それはＮＨＫ大河ドラマの「篤姫」です。この番組をきっかけに歴史というものに興味を持ち始めた若い人も多いと聞きます。このドラマのハイライトは、西郷隆盛と勝海舟による江戸城の無血開城のシーンであったと思います。二人のスケールの大きさには、同じ日本人として誇らしい気分になりました。

西郷は「子孫のために美田を残さず」と言いましたが、はたして勝はどのような金銭哲学を持っていたのでしょうか？調べてみると、こんなエピソードを発見しました。

　勝は晩年、書をしたためてくれという依頼があるたびに、僅かな金額の手間賃を依頼人から貰って公債を買っていたそうです。その当時の勝は枢密院の顧問をしており、相当の官費をもらっていました。「どうしてそんなけちなことをするのか」という問いに、勝は「苦労して貯めた金は三年五年と持つものだ」と答えたそうです。また、勝はこうやって貯めたお金を、没落した旧徳川家の使用人に直接手渡していました。「十日しか持たないお金も、自分が直接手渡すと、二十日もつものだ」と言ったそうです。

　お金というものは、金額の大小ではなく、どのようにして手に入れたかが重要であり、別の言い方をすれば、「お金には色がある」ということだと思います。勝にしろ西郷にしろ、優れた人物というのは、優れた金銭哲学を持っているものだと改めて感心しました。

第13の手紙　倹約とケチは違う

君は私がこのようにお金の話ばかりをしていると、私が君にケチな人間になってほしいと思っていると誤解していないでしょうか？私は、君には「倹約の精神」を持ってもらいたいと思っていますが、決してケチな人間になってほしいとは思っていません。

君は、「倹約」も「ケチ」も同じだと思っているかもしれませんが、それは大きな間違いです。倹約とケチとはまったく違います。

倹約とは、不必要な出費をしないことであり、言い方を変えれば、必要なものにはお金を使うのです。反対にケチとは必要なものであれ不必要なものであれ、とにかくお金を使わないことを言います。確かに両者の差は微妙ですが、その精神は全く異なるものです。倹約は、自分だけではなく周りの人まで心を豊かにしますが、ケチはまわりの人まで不愉快にします。

私は田舎者ですから、食べ物を粗末にすることは許せません。「お米には八十八人の苦労がかかっている」と、両親から教わりました。私の家は農家ではありませんでしたが、農家の友人も多く、自然を相手に農作物を作る苦労はよくわかっているつもりです。ご飯茶碗に米粒が一粒でも残っていると厳しく怒られましたし、感謝の気持ちがなくご飯を食べていると、ご飯を取り上げられました。私はこの教えを決して古臭いとは思いませんし、食べ物を大切にすることはケチではないと思っています。

最近、世の中では人件費を削減するために、バイキング方式のレストランが増えています。私はバイキング方式のレストランが好きではありません。注文を受ける前に大量に作り置きした料理がおいしいわけがありません。ましてや、料金の元を取るために自分の食欲を超えて食べようとするお客の姿は、本当にケチ臭く見えます。

私は君にお金のありがたさと恐さを説明して、お金に支配されてはいけないことを訴えてきました。ケチとは、必要なものであっても出費を抑えようとするわけですから、自分を失い、お金にコントロールされていることになります。君も知っての通り、私の人生の喜びの一つはおいしいものを食べることです。自分の食欲に合わせて料理は注文すべきで、料金の元を取るために無理をしてお皿に料理を取るのは、お金に支配されていることなのです。

欧米の名家ではお嬢さんが嫁ぐ時、お母さんが嫁いで来た時に着ていたウェディングドレスを着るという話を聞きます。これはケチでしょうか？　これは決してケチではありません。この倹約の精神はすばらしく、本当におしゃれだと思います。

倹約かケチの議論は、〝粋〟か〝野暮〟かの議論に似ていると思います。お母さんのお下がりのウェディングドレスを着る例は、粋です。また、何でもかんでも新築の家を建てるのではなく古くても良い家を改築することや、自分の食べる野菜は自分で作ることは野暮ではなく粋です。

私は、君に美しい自然や絵画を見てもらいたいし、感動する音楽や映画や小説に出会ってもらいたいと思っています。君にとって何が美しいものなのか？　あるいは君にとって何が大切なものなのか？　自分なりのこだわりを持ってもらいたいし、自分の美意識に合うものを手に入れるために、たとえそれが高価であっても、一生懸命働いて、それを手に入れてもらいたいと思います。もし、それが高価だから良いものだと思ったら、君は野暮です。

君には粋な生き方をしてもらいたい。倹約の心を持つことは粋な生き方です。お金に支配される野暮な生き方は決してしないで欲しいと思います。

（貸衣装の花嫁と結婚した父より）

〈二酸化炭素の取引〉

地球の環境問題は、油断を許せない人類共通の問題となっています。娘をはじめ今の若い人と話をすると、これらの問題には真剣に取り組まなければいけないという意欲が伝わってきます。しかしその反面、我々の世代でも返済できなかった借金を、次の世代に引き継がせるようで、心苦しい思いもしています。

環境問題とお金の話は対極にあるように思いますが、お金の仕組みを使って環境問題を解決しようという動きもあります。それが二酸化炭素の排出量取引という考えです。

地球温暖化を防ぐためには、世界中で排出される二酸化炭素の量を制限する必要があります。そこで一年間で排出できる二酸化炭素の総量を決めて、世界中の企業や人に割り当てます。もし、その割当量より多く排出したい企業や人がいる場合は、他の企業や人が持つ割当量をお金を払って譲ってもらいます。二酸化炭素を排出するのにお金を払わなければいけなくなりますし、市場原理に基づいて排出権の金額は決定されるので、多くの排出量を望めば、より高い金額を払わなければいけなくなりますし、反対に割当量を使い切らなければ排出権を売ることができるので、世界全体が二酸化炭素を排出しないことを真剣に努力するだろうということです。

もちろん、当たり前のことですが、排出権が市場で取引されても、それは予め決めた割当量の売買ですので、世界規模では排出される二酸化炭素の量はコントロールされていることになります。

私が最初にこの話を聞いた時は、世の中にはなるほど頭がいい人がいるものだと感心しました。しかし、総論としてこの考えに賛同する人は多いのですが、実際に実行する段階になると問題もあるようです。その最も頭の痛い問題は、割当量をどのようにして決めるかということです。例えば、全員に均等に割当をすると、今まで二酸化炭素を排出してきた企業と、排出してこなかった企業の割当量を同一にするのはおかしいということになりますし、割当に関する別の基準を作ろうとしても、それこそお金が絡む話なので、誰もが納得できるルールを作るのは至難な業となってしまいます。

人類がこのような困難を乗り越えて、二酸化炭素の排出権の取引を開始できるのかどうかはわかりません（そのためには、各人が強欲を捨てるしかないと思いますが、残念ながらそれが人間にとって最も難しいことかもしれません)。しかし、もし、排出権取引が本格的に行われると、排出権一トンで米一キロを買うとか、今月の給与は排出権十トンということになり、二酸化炭素の排出権が新たなお金(しかも世界共通の貨幣)のようになるかもしれません。

第14の手紙　人生はゲームではない

君も知っての通り、私はスポーツ観戦が好きです。特に私が昔やっていたラグビーを観るのが最も好きですが、ラグビーはルールも難しいせいか、君はなかなか興味を示してくれません。今日は妥協してサッカーの話をさせてください。

ラグビーファンの私には悔しい話ですが、ワールドカップのあの盛り上がりを見ると、世界で最も人気のあるスポーツはサッカーであることを認めざるをえません。サッカーには、イタリアやドイツなどのヨーロッパの国に代表されるように、組織的に守備を固めて、チャンスがある時のみ速攻を行う「負けないサッカー」を目指すスタイルと、ブラジルやアルゼンチンのような南米の国に代表されるように、個人の能力を最大限に利用して徹底的に攻めまくる「勝つサッカー」を目指すスタイルがあります。

前者の場合には、勝っても一対〇や二対一で、〇対〇の引き分けも多いのですが、負けないため、勝ち進んでいきます。後者の場合には、とにかく勝つという戦略しかなく、五対一とかで大勝することもあれば、強くても惜敗することもあります。どちらのスタイルがよいとも言えませんし、陽気なブラジル人がその個人技を駆使して、屈強なドイツ人の組織と戦うように、スタイルの違うチームが戦うからこそ、サッカーの楽しみがあるのです。

私は人の生き方も「負けない戦法」と「勝つ戦法」があると思います。サッカーを観戦するファンの立場から言えば、守りを省みず、華麗な個人技でどんどん攻め上げる南米型のサッカーの方が観ていて楽しいのは事実です。しかし、人の生き方、少なくとも、お金との接し方は、負けない戦法を目指すべきです。

お金に支配される人生はいけませんが、自分が食べていくため、家族を守るため、そして自分らしく生きるため、最低限のお金はどうしても必要です。必要以上のお金は持つ必要はありませんが、最低限のお金がないと、人に迷惑をかけることにもなりかねません。

「宵越しの銭は持たぬ」という江戸っ子のような人生は楽しいかもしれませんが、君に君自身も含めて守るべき人がいるなら、それは無理な話です。人には、つまらない生き方と映るかもしれませんが、お金に関しては、負けない戦法を選ぶべきです。もし、君に守るべき人がいないと言うのならば、面白おかしく「勝つ戦法」を選んで

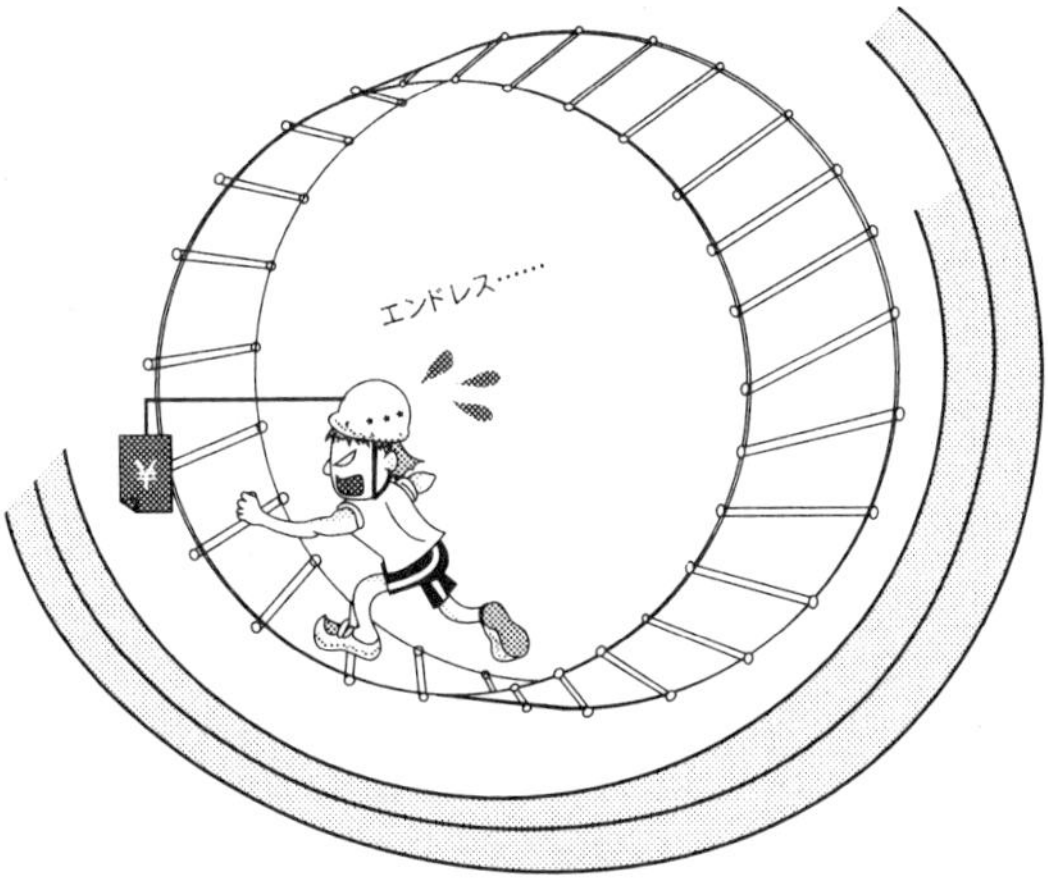

も構いません。しかし、将来の君に守るべき人がいないとしたら、それは本当につまらない人生であることを忘れないでほしいと思います。

ビジネスの世界において、「ビジネスはマネーゲームだ」という経営者がいます。私はこの言葉が大嫌いです。このように言う経営者は、なりふりかまわず、「攻めの経営」をめざします。私は、ビジネスの世界も神聖なものだと思っています。会社には従業員がいて、彼ら従業員にはそれぞれ守るべき人がいるのです。また、その会社を信じて取り引きを行ってくれるお客さんがいるのです。お金は尊い顔と醜く恐い顔を持っています。ビジネスの世界であっても、会社は何のためにお金を稼ぐのかに関する明確な哲学が必要です。ゲームだから持ち点を増やすのが当たり前だと言われるかもしれませんが、どうして持ち点を増やさなければいけないのでしょうか？　そのゲームに勝つことにどのような意味を持たせているのでしょうか？

経営者が「ビジネスはゲームだ」と言った瞬間、醜く恐い顔を持ったお金がその経営者を苦しめることになります。醜く恐い顔を持ったお金は、少しでも油断すると、その間隙を縫ってものすごい勢いで攻めてきます。いかにその経営者や企業が強い攻撃力を持っていても、その猛威には絶対にかないません。人間はお金というパワーを持った生き物と戦うためには十分に守りを固めるしかないのです。

サッカー通の友人が言っていました。イタリアやドイツのサッカーを素人の目で観てもおもしろくないかもしれないが、あの組織と戦術を見るのは、ブラジルの選手の個人技を観るより面白いと。

君も醜く恐い顔を持ったお金に攻められないように、充分に守りを固めなければなりません。そして反対に、尊い顔のお金とつきあう楽しみを噛みしめてもらいたいと思います。

たとえば、君に「詩を作りなさい」と言っても、君は閉口するでしょう。しかし「俳句を作りなさい」と言うと、案外、君は抵抗なく俳句を作り始めるでしょう。俳句は五、七、五や季語を入れるという制約がありますが、そういう制約があるからこそ、想像力が働きやすいとも言えるのです。これと同様に、君の人生に〝守り〟という制約があるからこそ、むしろ想像性の高い楽しい人生を自分で作ることができるのです。

まずは、一緒にサッカーを観て、人生の戦略を議論しようではないか。もし君がそれでスポーツ観戦をするのが好きになれば、私の作戦は成功したことになります。

（娘と共通の趣味を持ちたい父より）

＜改めて「金持ち父さん」を読んでみると　②＞

人はどうしてお金を儲けなければいけないのか？　この質問に対する明確な答えを持っている人は少ないと思います。しかし、世の中のほとんどの人は、こんな面倒なことを考えずに日々の生活を過ごしていると思います。もちろん、私もそうです。生活するため、また、たまには旅行にも行きたいため、目の前の仕事をただこなしています。

しかし、「金持ち父さん」という本は衝撃的でした。著者であるロバート・キヨサキ氏は、「いつも覚えてほしいことが一つある。それは「楽しむこと」だ。これは単なるゲームにすぎない」（一七六頁）と、何の躊躇もなく、「金儲けはゲームである」と断言しているのです。ここまで言い切られると、しかもその主張が実に多くの人から支持を得られていると知ると、反論しなければいけないと思うようになりました。

「たいていの場合、人が金銭的な成功を手に入れられない最大の原因は、金持ちになる喜びよりも損をする苦しみの方を考えてばかりいるからだ」（二〇七頁）という彼の言葉は、まさに私の存在自体すら否定するように聞こえました。

人生にはリスクはつきものですので、何らかの原因で借金を抱えて破産することもあるでしょう。しかしそんな失敗をした人であっても再出発ができる制度を整備することやそんな人たちを社会は支援していかなければいけません。私は、一度は失敗したが、文字通り血のにじむ努力をして、見事にリカバーした人を何人も知っています。そんな人たちの成功の原因を分析しますと、本人の努力はもちろんのことですが、例外なくその人を支援してくれる協力者の存在がありました。

さて、ここで質問です。もし、あなたの友人が、「私が一番好きなのはテキサス人の生き方だ。勝ったときはテキサス人はそれを誇りにするが、負けたときはそれを自慢にする。テキサス人のあいだでは、『損をして文無しになるなら、大損をしろ』と言われているくらいだ」（二〇六頁）と言っていたとします。そしてその友人が、その言葉通り、大損して破産したとします。あなたはその友人の再出発に協力しようと思いますか？

第15の手紙　おじいちゃんの魂が教えてくれたこと

今日は私の好きだったおじいさんの葬式の時の話をしましょう。その葬式で私はひとつのことを学びました。

祖父が亡くなった時、事情があって私（社会人一年生）は喪主をやることになりました。喪主というのは、本来ならば、葬儀の一切を仕切らなければなりません。しかし私の場合は、単なる名目上の喪主でしたので、親戚の人たちが葬儀のすべてを仕切ってくれました。精神的なプレッシャーはありましたが、無事に大役を果たすことができました。

葬儀が終わると、私は一人の伯父に奥の部屋に呼ばれました。奥の部屋には、香典袋と現金の束がおいてありました。その伯父が、「こんな時に何だが、お金のことなんで……」と、私にノートを渡しました。

祖父は商売人でしたが、その伯父も商売人でした。伯父が渡してくれたノートには、丁寧な字で、香典を頂いた方の住所、氏名、頂いた金額が、番号順に書かれていました。その番号は、香典袋の片隅にも付けられていました。伯父は、「まず、香典袋の数とノートに書かれた数を確認して下さい」と言うので、私はノートに書かれた通し番号と通し番号順に並べられた香典の数を比べて、その合計数が同じことを確かめました。

私の作業が終了したのを確認すると、伯父は、「各ページの小計金額が合っているか確認して下さい」と言いました。私は、伯父から渡された電卓を使って、各ページに書かれた小計が合っているかを確かめました。

さらに、伯父は、「各ページの小計が合っていたら総合計を確認して下さい」と言いました。最後のページには各ページの小計が書き写され、総合計額が書かれていました。私は、各ページの小計額が正しく転記されているのを確かめ、電卓を使って合計金額の計算が合っているかを確かめました。

伯父の指示はまだ続きました。伯父は「これが金種表です。頂いた現金と合わせて下さい」と言います。金種表とは、一万円札が何枚、五千円札が何枚、千円札が何枚と、お札の種類ごとの枚数が書かれており、合計金額は先ほどのノートの総合計金額

と合っていました。私は、その金種表に合わせてお札を数えましたが、すべて合っていました。

そして最後に、「ノートの合計金額と同じ現金があったら、今ここでこのお金を渡しますから、この領収書にサインしてください」と言いました。私は伯父の用意した領収書に署名しました。

君は、親戚の間なのに領収書を出すなんて水くさいとか、親戚を信頼できないのかと思うかもしれません。しかしそれは全く違います。私は伯父の作業を見て、本当に素晴らしいと感動しました。死んだ祖父が、最後にこの伯父に頼んで、商売人としての基本を私に教えてくれたのではないかと思ったほどです。

お金という生き物は、人間を狂わせる力を持っています。もし、香典が千円でも足りなかったら、私は伯父を疑ったかもしれませんし、祖父のために集まっていただいた皆さんの気持ちを台無しにしたかもしれません。一方で、私を含め親族は、葬式の日は何かと忙しいものです。この伯父のようにきちんとお香典を管理してくれる人がいて本当に助かりました。

伯父はわざとノートの左側のページしか使っていませんでした。伯父は私に、「この人たちはあなたのおじいさんのために来てくれた人たちです。今後何らかの形でお返しをしなければならない人たちです。どのようにお返しをしていったか、この右側のページに書いていくのが残された家族の責任です」と説明してくれました。私は、この伯父に商人の素晴らしさを見たような気がしました。

中国の諺に、「李下に冠を正さず」という言葉があります。この言葉は、誰もが欲しがる李（すもも）の実の下で冠を直すと、その李を盗もうとしていると疑われることから、他人の疑義を受けやすい行為は避けるようにしなさいと言っています。人の現金を扱うことは、まさに李下にいるのと同じです。この伯父は、単に疑義を受けやすい行動をしないという消極的なものでなく、商人としての知恵と経験に基づき、むしろ積極的に慌しい親族に代わって、間違いが起こらない明確な方法で重要な仕事を行ってくれました。

ビジネスの世界では、葬式を仕切れる会社は本物であると言われます。葬式は、亡くなった人を送るという悲しい儀式です。しかも結婚式のようにあらかじめ日取りが決まっているわけではありません。何かと慌しい親族に代わって、葬儀の手配から香典の管理にいたるまで、首尾よく行うためには、大変な能力と知恵、そして組織力が必要だと思います。

たとえば、君が文化祭や運動会で会計担当となって、他人のお金を預かるようなことがあったら、伯父のように完璧に責務を果たさなければいけません。たとえ一円でも紛失してしまったら、君の信用は失われることでしょう。お金とはそれ程の力を持っているのです。

お金の前では、「李下に冠を正さず」だけでは足りません。君が現金のある場所に遭遇した場合、もちろん冠を直すような行為してはいけませんし、むしろ積極的に、他人の眼から見ても、明らかに君が李を取っていないとわかるような工夫をすべきです。もちろん、私は君が人のものを盗むことはないと一二〇%信じていますが、君が他人から少しでも疑われるようなことがあった場合には、疑われるような行為をしたことを反省すべきでしょう。

ビジネスの世界において、経営者の責任とは株主から預かったお金を運用することにあります。経営者は、その運用状況を株主に報告します。これを〝会計報告〟と言います。この経営者の作った会計報告書が客観的に正しいか否かを調べるのが、実は公認会計士の主要な仕事です（これを〝監査〟と言います）。他人のお金を預かる経営者も、もちろん、李下に冠を正さずだけでは足りません。そこで第三者である会計士を雇い、自分の正当性を立証してもらうのです。会計士の主要な仕事は、会社の経営者がお金に対して公明正大な状況であることを証明することにあるのです。

（自分の仕事をなかなか理解してもらえない父より）

第16の手紙　「テラコッタ」と「テラコッタ調」

君も知っての通り、今、私とママは家の増改築に関して工務店と何度も話し合いをしています。私は、打ち合わせが終わると、必ずその日の話し合いで決まったことを細かく紙に書いて工務店の担当者のサインをもらっています。ママはそこまでやる必要があるのかと怪訝《けげん》に思っていますが、これには理由があります。

私は、自分の家を持たずに事業に明け暮れた父に対する反動からなのか、「家」に対する思い入れが強過ぎるのかもしれません。私は、今回の増改築において自分なりのこだわりがあります。私は極力、人工的、画一的なものを排除して、素材感があり、自然との調和が図れる家が理想です。言葉を換えれば、私は、はじめから古く見える存在感のある家で、時代とともにますます存在感を出していく家に憧れています。

家の増改築は、我が家にとって高額なものであり、家は家族の集う重要な場所ですので、失敗は許されません。ましてや私たちは建築家ではありません。私たちの表現力では、イメージと実際とは異なることがあるのです。

私は、自然と接点となるベランダを非常に重要と考えています。私の考えるベランダの床を実現するにはどうしても「テラコッタ」という素焼きのタイルが必要なのです。それも贅沢を言えば、一つ一つのタイルの色や形状が微妙に異なり職人の息吹が伝わるテラコッタが最高です。私は、工務店との話し合いで決まったことをかなり細かいレベルまで紙に書いていたため、「ベランダの床にはテラコッタを使うこと」と明確に書いてありました。

しかし、最終的な見積書をチェックしていたら、ベランダの床はテラコッタではなく、「テラコッタ調のタイル」を使う計画であることが判明しました。これは、私にとっては一大事です。私は担当者に打ち合わせの時の紙を見せ、変更を主張しました。担当者は、本物のテラコッタは値が張るので、見た目がそれに近い物を選ぼうとしていたそうです。担当者も、私がこれほどまでに本物のテラコッタに対してこだわりがあったことを理解できなかったためだと思いますが、もしこのまま、工事が進んでいたならば、私にとってこの増築工事は全く意味のないものになっていたことでしょう。

このことは紙に明確に書いてあったので、担当者もそのミスを素直に認めてくれて、早急に変更に応じてくれました。工事が始まる前にこのことに気付いてよかったのですが、このことは二つの教訓を示していると思います。

まず、人間とは忘れる動物であるということです。「言った言わない」で議論するほど不毛なことはありません。この議論はどちらが正しいかの判断がつきませんので、仮にある結論が出ても、どちらにも後味は悪いことになるでしょう。紙に残しておけば、この議論は起こりませんし、紙に残すことで忘却から生じるミスを防ぐことができます。

もう一つの教訓は、自分のイメージと他人のイメージは異なるということです。「ベランダの床にはテラコッタを使うこと」と一見明確な文章であっても、私は本物のテラコッタが使われると思っていましたし、担当者はテラコッタ調のタイルを想像していました。この様な食い違いが生じないためには「ベランダには○○○番の商品番号のテラコッタを使うこと」と書くべきでした。すべての事項についてここまで詳しく書き留める必要があるかは考えものですが、言葉とは曖昧なものだということを覚えておく必要があります。ましてや立場が違えば、一つの言葉から抱くイメージはかけ離れるものなのです。

この場合、私のテラコッタに対するこだわりを説明することや、自分が好きなテラコッタの写真を担当者に見せることなど、言葉の曖昧さを補う工夫も必要だったのかもしれません。

日本人は、信頼関係でビジネスを行うことを美徳と考えている節があります。重大な取引であっても、契約書を取り交わさないケースが多いですし、たとえ取り交わしても本当に簡単な紙切れ一枚の契約書を締結することが多く見受けられます。

一方、欧米人とビジネスを行うと、実に細かい点まで将来起こりうる事態を想定した契約書を締結します。その結果、契約書はあきれるくらい長くなります。欧米のように何でもかんでも訴訟する風潮は好きではありませんが、ビジネスを始める前に想定される問題点を洗い出すために契約書を作ることはよいことだと思います。

米国のある会社と一緒にビジネスを行うために、契約書を作ったことがありましたが、その交渉過程はまるで喧嘩のごとく激論を繰り返します。こんな調子で今後共同で行うビジネスがうまくいくのかと心配しましたが、交渉相手のアメリカ人は「契約を締結するまでは、あらゆることを想定して議論を尽くし、その結論を契約書に書く。そして一旦契約にサインしたら、その条件は絶対守る。これがビジネスマンだ」と言っていました。確かに、とりあえずビジネスを開始して、問題が起こったら、そこで

「言った言わない」の喧嘩をするのは、ビジネスの世界では最低のことです。
たとえ君がビジネスの世界に生きなくても、社会生活をする上で大きな取引をすることがあるでしょう。その場合には、想定される問題と、その解決方法と共通の理解をできるだけ事前に契約書に書くことを心がけてほしいと思います（契約書という型苦しいものでなくても、少なくても紙に残すこと）。そのことは君の立場を守ることだけではなく、相手との長期的かつ良好な関係を築くことを助けることになるでしょう。そして忘れていけないことは、そのようにして結んだ約束は、絶対守らなければいけないということです。

（本物のテラコッタを素足で歩きたい父より）

第17の手紙　お金の力は永遠ではない

今日は、君に「お金の持つ力」について説明しましょう。

君も最近テレビや新聞で会社が〝買収〟されるということを聞いたことがあると思います。資本主義の社会においては、モノやサービスだけでなく、会社そのものすら売買の対象となります。会社の売買が行われる場合には、会計士としてのノウハウが必要とされることがあります。

私も会社の売買に関する仕事を何度かしたことがあります。会社を買収しようとする人は、その会社の価値を評価して会社のオーナーである株主と交渉します。条件が折り合えば、買収しようとする人は、今の株主に買収金額を渡して、その会社を手に入れることになります。

会社の価値とは何でしょうか？　もちろん会社は、土地や建物を持っていることもあるでしょうが、通常、会社の価値はそのような目に見える資産の価値を上回ります。なぜなら、会社は通常、暖簾《のれん》というものを持っているからです。暖簾という言葉は、お店の入り口に垂れる屋号を書いた短い布を言いましたが、商売の世界では、その店の格式や信用を意味するようになりました。「暖簾に傷をつける」とか「暖簾にかかわる」という言葉がこの意味です。

さらにビジネスの世界では、そのお店や会社が長年の営業を通して築いた、仕入先、得意先との有形無形の経済的利益や営業上の秘訣のことも暖簾と呼ぶようになっています。会社を買収しようとする人は、眼に見える資産を買うだけなら会社を買収する必要はありません。その会社が持っている暖簾を手に入れたいため、会社ごと買収しようと考えるのです。

それでは、眼に見えない暖簾をどのように評価するのでしょうか？　これは非常に難しい問題で色々な考え方があると思いますが、過去の実績に基づいてその会社が獲得できると予想できる将来の利益から計算するしかないでしょう。

私が関与した外国の会社の買収の場合も、このような考え方に基づいて、会社の買収金額を計算しました。確かにその外国の会社は非常に業績が良く、相当の金額の暖簾があるように見えました。しかしその会社の業績は、買収後激変して赤字になりました。その理由は、その会社の暖簾は前のオーナー兼社長の存在だったのです。その

社長の長年の努力によって、よい材料を安い値段で仕入れることができ、その社長の人間性を信じたお客がたくさんいたのです。そして何より従業員はその社長の的確な指示により効率的に働いていたのです。

買収した会社は、「また会社に戻って経営を見てほしい」と前のオーナーに頼みましたが、一生楽をできるだけの金額を手にした前のオーナーは聞く耳を持ちませんでした。会社とは生き物です。会社を買収したら終わり、というような簡単なことではないのです。

しかし、会社を買収して成功したケースもあります。その場合は、前のオーナー兼社長に十年間は社長として残ってもらい、会社の買収金額の一部を十年間の業績に連動するという約束にしたのです。

嫌な言葉ですが、これが「お金の力」です。お金には力があることを認識しなければなりません。最初にお金を払うということは、このお金の力を失うことを意味しています。例えば、身近な例ですと、家を建てる場合でも、最終の建設代金を払うまでは、瑣末《さまつ》なことでも工務店は飛んで来るものです。ところが最終金を払うと、保証契約があってもなかなか工務店は来てくれません。

しかし私は、その工務店を非難することはできません。それがお金の力というものです。反対に君が、このお金の力にもかかわらず、お金をもらった後でも、誠実に相手との関係を維持することができたら、君は相手から多大な信用を得ることができるでしょう。

（暖簾を思い切り押したことがある父より）

第18の手紙　勘定合って銭足らず

今日は、私が学生時代にやっていたラグビーのことを話しましょう。

ラグビーには、フォワードとバックスという二つのポジションがあります。

私は体が大きかったので、ポジションはフォワードでした。フォワードの仕事は、スクラムを組んだり、モール（ボールが地上にない場合）やラック（ボールが地上にある場合）といった揉み合いの中から、直接敵に体をぶつけてボールを奪い、味方のバックスにボールを渡すことにあります。ラグビーのルールをよく理解していない君は、フォワードの仕事を見て、「どうしていつも集団になっているの?」と質問しますが、それほどラグビーのフォワードの仕事は、とても地味な役割です。

一方で、バックスはライン攻撃やトリックプレイを行い、グランドを駆け巡り、そして最後には最も華やかな〝トライ〟を演じるのです。まさにラグビーの花形です。

フォワードとバックスでは体型も違います。フォワードは太った奴で、バックスはスマートな奴ということになっています。全くラグビーとは不平等なスポーツです。

コーチは、いつも「バックスは絶対にくだらないミスでボールを落とすな。お前たちがもらうボールは、フォワードが体を張って獲ったボールだ」と言っていました。その通りです。フォワードはこのボールを獲るのにどれだけ苦労したか。くだらないミスでボールは落としてもらっては困ります。

商売の世界でこれと似た話が〝貸し倒れ〟です。工場で製造した商品は、セールスマンの努力の結果、やっとの思いで販売契約を取ることができます。そしてその商品は契約に定められた方法で、買い手に送られます。後は売上代金を回収するだけですが、その売上代金が回収されない状況を貸し倒れと言います。どんな商品であっても、それを製造したり、販売契約をとってくるのには大変な努力がなされています。まさに〝体を張って〟製造や販売活動をしているのです。

商売すなわちお金を稼ぐことは簡単なことではありません。絵に書いたようにはうまくいきません。計画通りいくのなら苦労はいりません。私は商人として最もやってはいけないミスがこの貸し倒れだと思います。なぜなら、貸し倒れとは、製造も販売も物流も商売に関わるすべての行為が終わっているにもかかわらず、最後のミスですべてを台無しにすることです。ラグビーの例にたとえるならば、フォワードが体を張って獲ったボールをバックスにつなぎ、後もう少しでトライという瞬間で、ボールを落とすようなものです。

商売の世界では、「勘定合って金足らず」という言葉があります。帳簿の上では、契約が取れて商品を相手方に渡した段階で売上（利益）を認識します。その意味では、勘定は合っています。しかしその後、売上代金が回収できない場合は、商売で一番重要な現金を受け取ることができないわけですから、何のための商売だったのでしょうか。しかも商品は既に相手に渡っているので商品の仕入れコストも損失となります。

もし君がビジネスの世界に入るならば、実際に入金があるまで勝負はついていないと考えるべきです。また、君が今後生きていく上で相手が貸し倒れになるようなことをすることは絶対避けるべきです。代金は必ず払うようにしましょう。商売にとって貸し倒れほど、罪深いものはないのだから。

（老いぼれラガーマンの父より）

第19の手紙　会計は世界の共通語

　私は決して流暢ではありませんが、一応英語で外国人とビジネスもできるようになりました。しかし、いまだに英語には自信がありません。君が社会人になる頃には、英語は当たり前のように使われるはずです。勉強に王道はありません。コツコツと地道な努力を積み重ねるだけです。特に英語の勉強はそうだと思います。頑張ってください。しかし、英語で外国人とコミュニケーションが取れるようになると、世界は広がります。私もそうでした。粘り強く努力してください。

　私は最近、中国の人とビジネスをする機会が増えてきました。私は中国語ができません。し、一口に中国語と言っても、北京語、広東語、上海語とあり、それらが全く異なる言語なのです。このように外国語をマスターしようとしても限界があるのです。

　ところが、簿記や会計は違います。これは世界中どこに行ってもその基本コンセプトは同じなのです。言ってみれば会計は世界共通語なのです。しかもビジネスの世界のゴールは、最終的には会計上の数字（利益）を上げることなのです。世界中のビジネスマンは、この会計上の数字のために動いていると言っても過言ではありません。もちろん会計のプロになるのには大変な努力が必要ですが、その基本コンセプトは、数カ月も勉強すれば会得できるものです。もし君が、ビジネスの世界で生きるつもりならば、簿記の基本コンセプトを勉強することを薦めます。これほど効率のよい投資はないと思います。

将来、君がビジネス以外の世界で生きる場合でも、少なくても会計的な発想を持つことは有用だと思います。会計的な発想とは、一つの事象をストックとフローの両面から捉えるということです。

簡単な例で説明しましょう。

あるダムの今年の貯水量の増加を計算するためには二つの方法があります。一つ目の方法は、そのダムの一月一日の貯水量と十二月三十一日の貯水量を調べることです。例えば、一月一日の貯水量が一〇〇トンだったとして、十二月三十一日には一二〇トンになった場合には、一年間で増加した貯水量は二〇トンということになります。

二つ目の方法は、一年間のこのダムに入ってきた水の量と出て行った水の量を計算する方法です。例えば、一年間でこのダムに入ってきた水の量の合計が一〇〇〇トンで、一年間でこのダムから出ていった水の量の合計が九九八〇トンであった場合には、このダムの貯水量は二〇トン増加したことになります。

どちらの方法も、そのダムの貯水量の増加を計算する方法としては正しく、したがってその結論は一致するはずです。前者の考え方はある時点の〝残高〟を押さえるので、「ストック」的な考えと言い（ビジネスの世界では、「貸借対照表」と呼ばれるもので、この状況を示しています）、後者の方法は一定の期間（この場合は一年間）の〝流れ〟を押さえるので、「フロー」的な考え方と言います（ビジネスの世界では、「損益計算書」と呼ばれるもので、この状況を示しています）。簿記や会計の基本コンセプトとは、一つの事象（ダムの貯水量の変化）を残高（ストック）と流れ（フロー）の両方で押さえることにあります。

ビジネスの世界は〝ダム〟が会社なのです。会社が一年間で得た利益を計算するためには、十二月三十一日時点と一月一日時点の会社が保有している財産の増加額と、一月一日から十二月三十一日までの会社に入ってきた財産の合計と会社から出て行った財産の合計額の差を、複式簿記という方法によって同時に計算しているのです（当然両者は一致する）。

また、このダムが家計と考えることもできます。君は知らなかったもしれないが、我が家では、私がいつもストックの金額を押さえ、ママがフローの金額を押さえて、その両者を比較しています。私は、我が家の現預金、株式などの投資額、家、土地といった正の資産の残高と住宅ローンなどの負の資産の残高を把握するようにしています。ママは、いわゆる家計簿をつけて、日々の収入金額と支出金額を把握するようにしています。

我が家では、どうしてこのように二つの概念（ストックとフロー）を把握するようにしているのでしょうか？　このことを説明するのに通信簿のつけ方を例にとるとわかりやすいでしょう。私の時代に通信簿は、その教科の習熟度が他の人と比べてどのくらいできているかを五段階で示していました。

たとえば、二学期になって私が努力を怠り、一学期より成績が落ちたとしても、その相対的な習熟度が他の人と比べてできていたならば、最高の〝五〟がつくのです。反対に一学期に比べ努力を重ねどれだけの二学期の習熟度が上がったとしても、他の人と比べ劣っていたとすれば、〝一〟や〝二〟が通信簿につきました。

このような評価方法ですと、生徒の努力の成果が反映できないという批判があり、最近では、それぞれの生徒の努力目標に合わせて、「がんばった」か「がんばらなかった」かの評価をすべきであるという意見も出ています。私は教育評論家ではありませんので、どちらの方法が優れているか分かりませんが、情報としてはどちらの情報も必要だと思います。

私はそしてたぶん君も、各教科につきどれくらいできるのかあるいはできないのかを知りたいでしょう。また、この学期で君がどれくらい「がんばった」かあるいは「がんばらなかった」も知りたいでしょう。今の成績が良くても、努力を続けなければ、やがて成績は落ちていきます。反対に今の成績が悪くても、努力を続ければきっと成績は上がるでしょう。そういう意味においては両方の情報が必要であるということが理解してもらえると思います。

お金に関しても同じです。今、お金がたくさんあっても、毎日無駄遣いを続けると、やがてお金はなくなります。反対に今お金がなくても、毎日の倹約を続けると、お金は溜まるものです。

「木を見て森を見ず」という言葉があります。これは、日々の小さな出来事に気を取られ、大局を見失うことをいましめる意味です。しかし、人によっては大局ばかりを気にして目の前の地道なことを怠ってもいけないと思います。「森ばかりを見て目の前の木を無視」してもいけないのです。

私はお金に限らず物事を二つの眼で見ることが重要だと考えています。すなわち、小さなことばかり気にして大局を見失ってはいけませんし、反対に、日々の小さなことを無視すると、やがて大局も不利になっていきます。ストックを捉える方法は大局を見る考え方ですし、フローを捉える方法が日々の動きを見る方法です。二つは車の両輪のようなもので、どちらも重要ですし、そのバランスを常に考えるべきだと思います。

お金のことにしろ、勉強のことにしろ、君の今後の人生に起こる様々な出来事を、ストックとフローで分析してみるとよいでしょう。そうすれば物事の本質をうまく分析できるでしょうし、多くの場合、この二つのバランスをうまくとることがあなたの進むべき方向となることでしょう。これが君に教えることができる会計士の父としての知恵です。

（自分の人生の貸借対照表を考えはじめた父より）

コーヒーブレイク

＜国際会計基準は大人のルール＞

この本が出版された後、世の中はまさに激動の時代へと突き進んでいきました。会計の世界も例外ではありません。実は、一口に会計と言っても、基本コンセプトは世界中同じですが、その具体的な規則は各国がバラバラでした。それが統合されようとしているのです。

株主には国境はなくなり、世界中の投資家が日本の会社の株式を購入するようになっています。投資家は色々な思惑で投資すべき会社を選択しますが、最も重要な情報は、会社が公表する財務諸表です。もし、日本の財務諸表を作るルールが世界の常識からかけ離れたものであったら、世界の投資家は、日本の企業の株式を購入することに躊躇するでしょうし、それは日本の企業にとって資金調達能力が落ちることを意味します。

私が試験を受けていた時に勉強していた日本の会計基準は、残念ながら世界のスタンダードと比べて少し異質なものでした。そこで、日本は、世界のスタンダードとの

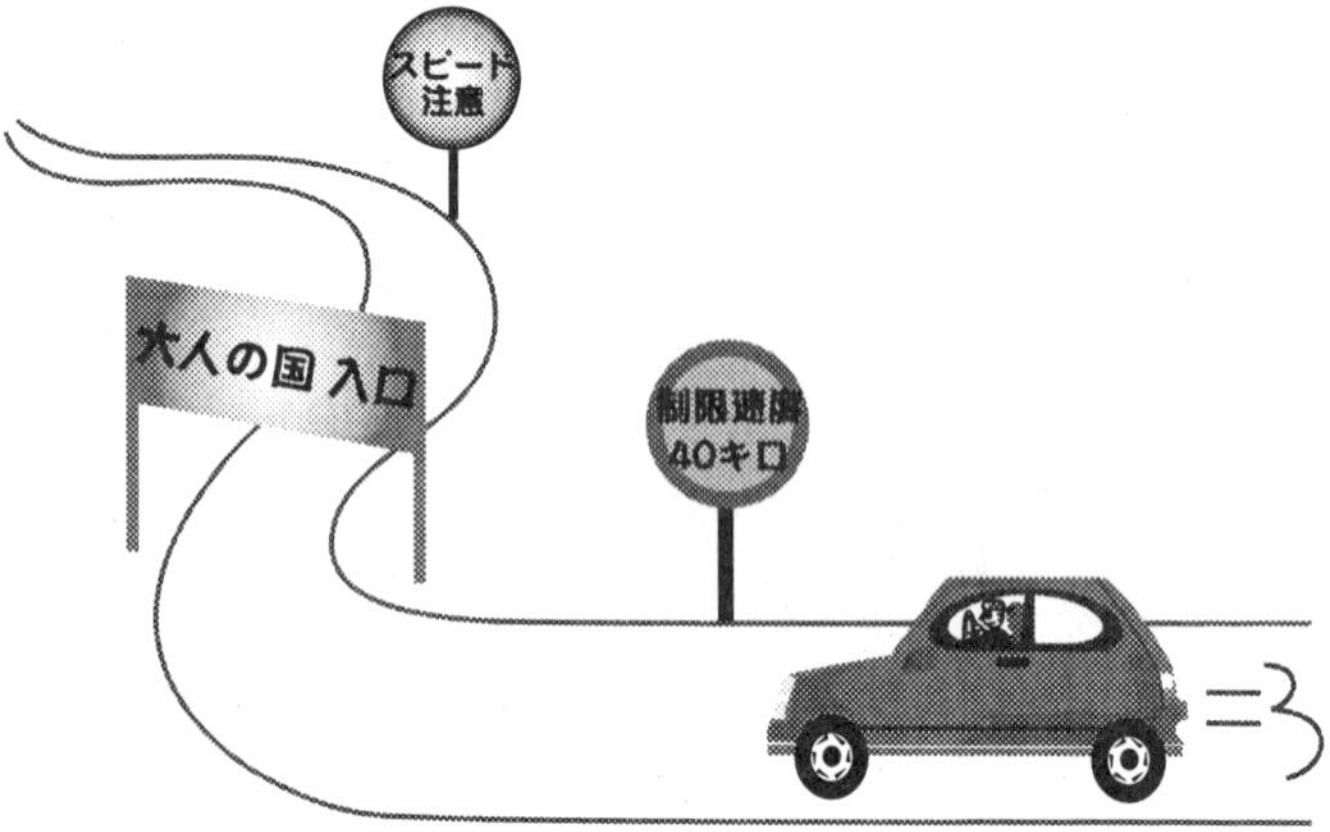

差を埋めるため、改正を続けてきました。私はせっかく資格もとったのに、毎年勉強しなければいけないという職業選択の間違いをしてしまいました。

ヨーロッパが共同体であるEUを作るにあたって、様々な制度や法律を統一化しなければいけないという流れの中で、会計基準も統一化しようという動きがありました。このヨーロッパにおける動きが、国際会計基準の誕生と言えます。会計基準の統一化の動きには、ヨーロッパ以外の多くの国も賛同していきましたが、気づいてみると、最後に残ったのが実質的には米国と日本だけという状況となりました。しかも、最大の抵抗勢力であった米国さえもこれに賛同を表明し、日本も栄誉ある孤立を避けるべく、将来的には、国際会計基準（正確には、国際財務報告基準、ＩＦＲＳ）を導入することを決定しました。おかげで私も固まった体と頭に鞭を打って、この新しい世界基準なるものの本を紐解かなければならなくなりました。

私は、会計学者ではないので、その相違点を理論的にうまく説明することはできませんが、日本の基準と最も違う点は、国際会計基準というものが、大人のルールであるということです。日本や米国の基準は、「規則主義」と呼ばれる範疇に入り、数値基準を設ける等、詳細な規定がありました。一方の国際会計基準は、原理・原則だけを示し、詳細な規定を設けていません。

具体的な数値の基準があると、その基準を覚えるのは苦労しますが、その示された基準さえ守っていればいいということになります。例えば、「車を運転する場合、歩行者の安全を充分に考えてスピードを落とさなければいけない」とするのが原則主義で、「車の制限スピードは時速四十キロとする」とするのが規則主義です。この例でも分かると思いますが、前者の方がはるかに厳しいルールと言えますし、人を大人として尊重した上で、大人としての対応をせまっています。

考えてみれば、日本もそして米国の会社も、「時速四十キロさえ守っていればいい」という子供のルールを楯に、暴走していたのかもしれません。

第20の手紙　ゴルフから学ぶこと

私はもうラグビーをする歳ではありませんので、君も知っての通り、最近ゴルフを始めました。今日は、ゴルフの話をしましょう。

君はなぜこれほどたくさんのおじさんたちが、ゴルフに夢中になるのかと不思議に思うかもしれません。私のような初心者ゴルファーが語る資格もないかもしれませんが、ゴルフは極めてメンタルなスポーツなのです。

あるプロゴルファーが、「ゴルフはリスクをどのようにコントロールするかの知能ゲームである」と言っていました。バーディー（マイナス一点）を狙う場合には、成績を悪くする危険を覚悟で難しいコースを狙わなければいけないし、反対に安全性ばかり考えているとよいスコア（得点）はとれない。要するに、ゴルフに勝つためには、耐える時は耐え、勝負すべき時にはリスクを張って勝負することが重要なのだそうです。もちろん私の腕は到底、この域にまで達してはいませんが、テレビでゴルフの試合の様子を見ていると、彼の言葉の意味するところがよく分かります。見るだけであってもゴルフという奥の深いスポーツの醍醐味に引かれていきます。

　さて、私はこの「リスク」という概念は、ゴルフだけではなく、お金に関しても重要な概念だと思います。私は会計士としてお客さんから、「いい儲け話があるのだけど、相談に乗ってほしい」と頼まれることがよくあります。そういう相談がある時は、私は、「どれくらい儲かるのか」という観点に関してはあまり話を聞かないようにします（お客さんはそれを話そうとしますが）。私が全神経を使って確かめようとすることは、その儲け話のリスクは何か？　という点です。これは断言しても良いと思いますが、私に相談を持ちかけられた案件のうち、本当によい儲け話はありませんでした。もちろん儲かりそうな話はありました。それはすべての話が、かなりのリスクを負った上に成り立つ儲け話だったのです。

　虎穴に入らなければ虎子を得ることはできないのです。私の説明に納得しないお客さんもいました。そんなとき私は、「そんなにいい話がどうしてあなたに来るのですか？　もし、それが本当にいい話ならば、相手はどうして自分で投資せず、あなたに投資させようとしているのですか？」と聞きます。これほど情報網が発達した時代に、よい儲け話が特定の人のところにだけ来ることはありえません。また、『あなたに幸せを分けたいから』と自分だけがこの話の紹介を受けた」といった類の説明は、残念ながら信じることはできません。

情報網が発達している現在においては、すべての経済取引は「ハイリスク・ハイリターン」（困難や危険がともなう仕事には高額な報酬）か、「ローリスク・ローリターン」（簡単で危険がともなわない仕事には低額の報酬）という原則に従うことになっています。「ローリスク・ハイリターン」はあり得ないのです。そのような本当の意味でのよい話が、仮に存在するならば、瞬く間に皆の知れるところになり、誰もがその投資を行うことになるでしょう。そうすると、その独占的利益はそれに参加した全員に分け合うことになり、やがてローリターンとなるのです。

君がビジネスの世界に入らなくても、このリスクとリターンとの関係はよく理解しておかなければいけません。例えば、将来、君が株に投資することもあるでしょう。個人が行う投資の中で、株式投資はハイリスク・ハイリターンに分類できると思います。なぜなら、株価は二倍、三倍になることや、時には十倍以上になることもありえます。しかし一方で、その会社が倒産して一瞬にして、紙切れになることもあるのです。それでも、この性格が充分に理解できるならば、株式は一つの有効な投資対象であると思います。なぜなら、最悪のリスクが計算できるからです。株式投資は投資額以上のリスクを負う必要がないためです。君が今後生きていく上で、好むと好まざるに限らず、様々な儲け話が、手を代え品を代えて君の前に現れるでしょう。そんな時、必ず冷静に分析してください。「リスクは何か？」「そのリスクとリターンは見合っているか？」、別の言葉を使えば「胡散臭くないか？」を常に考えるべきです。君が社会人として生きていく上で、胡散臭さを嗅ぎ分ける臭覚は必ず持たなければいけません。

非難を受けること覚悟で敢えて言えば、この世の中にうまい儲け話はないと思うべきでしょう。もし、私の経験と想像を超えて、そのような儲け話が存在したとしても、その儲ける機会を失ってもよいではありませんか。よい機会を失うリスク、それは確かにリスクかもしれませんが、君の人生にとって本当のリスクではありません。君の前に現れるうまい話は、それに見合う大きなリスクがあるはずです。冷静に分析してみてください。そして最悪のケースは、リスクが計算できない、あるいは、リスクが見えない場合です。リスクとリターンがあらかじめ計算できるのならば、その投資を行って良いかもしれません。しかし、リスクが計算できない場合には、絶対にその投資はすべきではありません。投資した金額が戻ってこないばかりではなく、無制限に追加の投資やその他の責務が君に振りかかってくるかもしれません。

リスクとリターンとの関係は、お金に関連する話だけではありません。君は人生においても色々な選択をしなければいけません。その時に、常にそれぞれの選択肢のリスクは何か、リターンは何か、そしてそのリスクとリターンが見合っているかを考えなければいけません。

（リスクを語る以前にどうしてもボールが真っ直ぐ飛ばない父より）

〈金融工学はリスクをコントロールできたか？〉

この時とばかりに弱い者いじめをするわけではありませんが、金融業というものは、本来、製造業やサービス業という主役のために存在する脇役であり、製造業やサービス業の発展のためには不可欠なものでありますが、現代のように主役をさしおいて脇役だけが栄える状況はありえないはずです。

このようないびつな産業構造になった理由は、〝金融工学〟と呼ばれるように理科系の人々の知恵が金融業界に入り込んだためです。ここでは詳しく説明はしませんが（正確に言うと「詳しく説明できませんが」ですが）、金融業界は、数学や統計学やコンピュータの得意な若者を集めて（年寄りには不可能でした）、先物、オプション、スワップといった現実の社会ではまず扱うことがないテクニックを駆使して、実経済とは異なるお金の流れをコンピュータ上に作り、取引をしていました。それらの取引の中心概念は、投資家のリスクをどのようにコントロールするかということでした。

このような金融工学の繁栄の動きの中で、確実に当たる映画を見極めるシステムを開発したから投資しないかという人までも現れました。一本の映画を作るには相当の資金も必要ですし、多額な製作資金を投入しても、お客さんがその映画を見てくれるとは限りません。その映画がヒットするかどうかは、個々のお客さんの感性とその時の大衆全体のムードという、まさに計算ができないものに支配されています。そういう意味においては、映画ビジネスほど、リスクが高い商売はないとも言えます。

しかし、その人は、過去作品の徹底的なデータ分析をして、映画のジャンルや製作費、監督、主演俳優等の情報を入力すれば、その映画がどのような興業成績になるかを確実に予想できると豪語していました。

その人の予想は全くと言っていいほど当たりませんでした。有名監督が人気俳優を主演に配しても失敗したケースはたくさんありますし、単館だけでの公開をスタートした地味な作品でも、噂が噂を呼び大ヒットすることもあります。

私は以前に、ある著名な映画プロデューサーに「映画がヒットする法則は何か？」と質問したことがあります。答えは実に簡単で「分からない」でした。そして、「ヒットした映画がヒットする映画です」と付け加えてくれました。当たり前のことですが、映画のチケットを買うのは人間だからです。経済というものは人間という制御不能な動物の行動が複雑に絡み合ってできているものです。経済はそもそも予測不能なものです。

数学に詳しい米国の金融機関の精鋭たちがチャレンジしたことは、程度の差こそあれ、このヒット映画を予想できると言った人と同じことをやっていたのではないでしょうか?

ちなみにその著名な映画プロデューサーは、別れ際に「私が仮にその法則を知っていたら、誰にも教えない」と言っていました。

第21の手紙　頭と尻尾はくれてやれ

私が育った家は祖父が商売を営んでおり、店先が広かったので、お客さんだけではなく、多くの人の出入りがありました。夕食後には、決まってお茶菓子持参で近所の商店街の人がわが家の軒先に集まり、連日商売談義がなされていました。私は子供心に彼らの話を聞くのが大好きでした。特に、家具屋の高田さんの話はとても印象に残っています。高田さんは株が大好きで、どこから持ってきたのか白のチョークを使い、セメントが打たれた床に数式や図を書いて講義をするのでした。

「どうやって株で儲けるかって？　それは簡単よ。安く買って、高く売ればいいのだから」

一同が眼を丸くします。しかし、高田さんは話を続けます。

「大切なのはタイミングだね。いつ買って、いつ売るのか。これが難しい」

そう言って、高田さんは、チョークで波の形を書きました。

「景気や株価はこの波のようにいい時もあれば悪い時もある。この波が株価とするね、この波の一番低いところで買って、一番高いところで売る。この差が利益だね。ところがね、誰も今が一番低いところや高いところとは分からない。過ぎてしまえば、あの時がそうだったとわかるけどね」

「それじゃ、どうすればいいの？」

私が思わず聞きました。

「頭と尻尾はくれてやるのさ」

高田さんは、少し笑みを浮かべて言いました。そして、波の上の部分と下の部分に線を引きました。

「一番低いところを狙って買うのは諦めて少し手前で買い、一番高いところを狙って売るのも諦めてその少し手前で売るのさ。人間という動物は欲の皮が突っ張った生き物よ。その欲を少し諦める。一番いい時を狙うと、やがて波の動きが逆転して、結果的には大損をしてしまう。株の世界でも、〝腹八分目〟がいいのさ。大体、魚も頭や尻尾は旨くない。そんなものは人にあげたっていいのよ」

私は、この「頭と尻尾はくれてやれ」という言葉は、お金の話に限らず、人生の極意のように感じます。世の中、あるいは人間の運には必ず波があります。世の中や社会、あるいは自然環境や人間の健康というものは、いろいろの要素が複雑に絡み合って調和を取っているものなのです。その構成要素は常に動き、それにつれてその調和点も動き続けているのです。波の頂点などは、ほんの一瞬でしかないのです。そしてその頂点を越えると、波の動きは一転して下り坂になるのです。このように私は、物事はすべてバランスの中で考えるべきだと思います。例えば、即効性のある風邪の特効薬は、その強さのため胃腸を痛めますので、胃腸薬を飲まなければいけません。なにかにすごく効く薬は、体のバランスを崩すことになるので、他のなにかを悪くするのです。なんの病気にも効く万能薬は存在しないのです。

いまの私の境遇は、ベストではないかもしれません。しかしママがいて君がいて、古いが日当たりの良い家があります。「頭と尻尾はくれてやる」とすれば、満足できるものです。私がもしこれ以上の何かを望めば、人生の波の動きはきっと逆に動くことでしょう。

君もこれからの人生において、頭と尻尾は人にあげて、本当においしい中身だけを食べるようにしてください。環境汚染や人口が減少するという人類が未だ経験していない事態を迎えるに当たっても、このような考えを持つことは益々重要になるかもしれません。しかし人間とは欲深いものです、それが難しいのです。こんな偉そうなことを言っている私ですが、何度ダイエットに挑戦しても、なかなか体重は減りません。腹八分目は体によいと分かっていてもなかなか実践できないのです。

（体重計に人生を教えられる父より）

〈腹八分目を忘れた強欲資本主義〉

私の師匠である高田さんは、腹八分目を守ることがお金の世界における極意であると教えてくれました。現代の資本主義社会は強欲資本主義と非難されますが、どうして、強欲になってしまったのでしょうか？　それには二つの理由があると思います。

一つは、レバレッジ（てこ）効果と言われるように、投資の世界が、僅かな元手で多額のお金を動かせる仕組みになったためです。家庭に例えるならば、リスクの高い株式への投資は、そのお金が無くなっても生活には影響のない範囲で行うべきものですが、住宅等の他の資産を担保に借入を行い、多額の投資を行うようになっています。このようにすると、儲かった時の利益の額は大きくなりますが、失敗した時の損失の金額も大きくなります。

もう一つの理由は、社会の構造上の問題です。現代の資本主義社会は、お金を出す人と実際に投資を決定する人が異なるという構造を持っています。これは経営学では「エージェント理論」と呼んでいます。

この状況を分かり易くするために一つの例を説明します。あなたが金持ち友人とカジノに行き、その友人から「一〇〇万円を渡すから私の代わりにルーレットで賭けをしてくれ」と頼まれます。あなたは「損したら返すお金がない」とその要求を断るでしょう。しかし、友人は、「私の代わりに賭けをするだけですから、損をしてもあなたが返済する必要はありません」と笑いながら答えて、さらに「あなたの手間を煩《わずら》わすのだから、儲かったら儲けの一割はあげます」と言ってくれます。

あなたは、友人のお金を預かっているのだからと緊張しながら、おそるおそる「赤」、「黒」や「偶数」、「奇数」といった掛け率の低いオッズにチップを置きます。持ち金は一進一退を繰り返していましたが、やがて持ち金が十万円を切っていることに気付きます。あなたは友人の笑顔を思い出し、焦り始めます。しかし、その時、「44」のオッズが何だか光っているように見えました。そこであなたは全部のチップを「44」のオッズの上に置きます。ルーレットの玉は見事に「44」の上に落ち、あなたは約束通り儲けの一割を手にします。

この成功が噂を呼び、あなたの元には同じような依頼が殺到します。あなたは、儲けの二割を貰うことを条件にルーレット台に向かいます。もちろん、あなたのチップを置くオッズは、掛け率の低いものではありません。特定の数字の一点買いです。そんな無茶な賭け方をしていたので、ほとんどの場合は全てのお金を失いましたが、勝つこともありました。そんな時は約束通り二割の成功報酬をもらいます。

現代の資本主義社会は、例えば、ヘッジファンドと呼ばれるものがその典型ですが、ファンドのマネージャーという「代理人」が他人から集めたお金を運用するようになっています。しかも、ルーレットのケースと同じように、投資に失敗しても自分はリスクを負わないという前提に立ちながら、儲けた場合にはその利益の一定額を貰うという仕組みになっています。したがって、安全を度外視して、ハイリスク・ハイリターンの投資が行われるような傾向にありました。しかも、投資家からの資金はレバレッジ効果によって無尽蔵に提供されましたし、高齢化に基づいて資金不足になっている年金基金からも、高利回りを期待された資金が提供されました。

また、会社の経営者と株主の関係も同様な面を持っています。もし、経営者の貰う報酬が短期の利益に応じたものになれば、経営者は会社の安全性を度外視して、ハイリスク・ハイリターンの経営を志向するようになってしまいます。

私は国の政策に意見を言う立場にはありませんが、資本主義社会の強欲さをなくすためには、投資に向かうお金を投資していい範囲のお金だけに制限することと、代理人の報酬体系に、損失が出た場合に何らかのマイナス点を与える工夫をする必要があると思います。

そして、何より重要なことは、強欲は人のためにも自分のためにもならないという価値観を社会が持ち、その価値感に基づいた教育を若者たちにしていくことにあると思っています。

第22の手紙　ハリウッド流のお金の管理方法

今日は、お金を『大金』と『小金』という二つに分類することを説明しましょう。お金を管理するためには、この分類は重要です。今日はこの話をしましょう。

私がある仕事でハリウッドの映画の撮影現場を訪れた時の話です。撮影の場所は、ロサンゼルスにあるダウンタウン（繁華街）のダンスホールでした。そのシーンは主役の男女が初めて一緒にダンスをするという、今後のストーリーの展開上、重要なポイントであるため、現場の雰囲気は張り詰めていました。監督は演技が気に入らないと見えて、不機嫌そうにモニターをのぞき、同じシーンを繰り返しやり直させていました。ついには、会計係を大声で呼びつけ、何やら質問をしています。

ジーンズをはいた会計係は、大きなバインダーを広げて冷静にこう言いました。「当初の予算ですと、このシーンはあと一時間で終わらせることになっています。一時間延長するごとにダンスホールの使用料とエキストラの報酬が七千ドルかかります。明日まで撮影が延びると、追加で十万ドルかかります。さらに、もう一日続いたら、歌

手との契約が切れてしまうため、契約を改めてやり直す必要があります」。
プロデューサーを含めた話し合いの結果、監督はそのシーンの撮影をあと二時間だけ延長することで合意しました。映画の世界は華やかですが、単に華やかなだけではなく、その背後にはしっかりとした予算システムがあり、ビジネスとして管理をしているのです。
ハリウッドでは、映画の製作費の予算を「アバブ・ザ・ライン（Above the line）」と「ビロウ・ザ・ライン（Below the line）」という二種類に分けて管理をしているそうです。アバブ・ザ・ラインとは〝線の上〟という意味で、予算表の中で上の方に書かれています。また、ビロウ・ザ・ラインとは〝線の下〟という意味で、予算表の中で下の方に書かれています。

「アバブ・ザ・ライン」は、プロデューサーや監督、主演俳優の報酬のように、金額が大きく、契約条件によって大きく変動する可能性のあるコストを言います。一方、「ビロウ・ザ・ライン」は、脇役、エキストラ、スタッフの人件費や場所代のように、金額が小さく、あらかじめ概算が可能な固定的なコストを言います。

このように製作費を二種類に分けるのは、管理の方法が異なるからです。アバブ・ザ・ラインは力関係や交渉によって大きく上下します。したがって「うまく交渉して、いかによい条件を引き出すか」という働きが必要です。

ハリウッドの一流俳優には、一本で何十億円のギャラ（出演料）を得る人もいます。一方で、エキストラには報酬が一日数千円の人もいます。映画も一つの立派なビジネスです。ビジネスである以上、正確に費用を管理しなければなりません。金額の大きな主演俳優の報酬も管理しなければなりませんが、金額の小さな費用も管理しなければなりません。

しかし、重要な点は、そのような大きなお金と小さなお金は、管理の方法が異なるということです。主演俳優には、その映画に出演する芸術的な意味を説明したり、報酬の支払方法を映画の成功（売上）と連動する方法を考えたり、様々な知恵と熱意が必要となります。しかし、その他の小さな費用は、こまめに節約するしかないのです。

会社であれ、家計であれ、費用を管理することは重要です。その場合、やはり費用を大金と小金に分けて管理することを覚えるべきでしょう。たとえば、君が家計を守る立場になった場合、家や車を買う時と日々の生活費とは、管理の方法を明確に分けるべきでしょう。家や車を買う場合には、パンフレットを集め、展示場まで何度も足を運び、あらかじめ見積もりをもらわなければいけません。できれば見積もりは複数の業者からもらうべきでしょう。

複数の業者から見積もりをもらうことは決して悪いことではありません。高額なものを買うのだから、業者もそれが当たり前だと思っているに違いません。その場合、私はいつも他の業者からも見積もりをもらっていると正直に言うようにしています。その方が良い条件が出る可能性も高いですし、断る時も断りやすいためです。

万が一、他の業者からも見積もりをもらうことを拒む業者がいたなら、その業者からは絶対に買うべきではありません。業者も商売人ならば、プロとしての自信を持たなければいけません。そのような業者はプロとしての自信がないのです。

また、例えば日々の食料品を買う場合には、チラシやその日の特売品には十分気を使わなければなりませんが、よほどのことがない限り、遠くにあるスーパーまで買いに行くことや、いちいちお店で交渉はしないでしょう。大きなお金は、その影響は大きいので、慎重に管理しなければいけません。しかし忘れてならないのは、小さなお金の力です。「塵も積もれば山となる」のです。

（どちらかといえば大男の父より）

第23の手紙　お金は淋しがりや

今日は、お金の持つ性格について説明しましょう。実はお金は淋しがりやなのです。君は去年の家族旅行を覚えていると思います。あの旅行は、航空会社のマイレッジプラン（その航空会社を数多く利用した人に無料の航空券を与えるシステム）で貰った無料の航空券を使って行ったものでした。どうしてその航空会社は、私にただの航空券をくれたのでしょうか？　それは私を「よいお客」だと思ったからです。よいお客という意味は、決して私が人物的に優れているからではありません。たまたま私が仕事でその航空会社を利用する機会が多く、その航空会社からは私が彼らの売上に貢献してくれる人物と見えたからです。

また、銀行に行ってみなさい。多額の金額を貯金した方がよい条件が得られます。それは多額の貯金をする人の方が、銀行から見れば「よいお客」なのです。

世の中は、よいお客ほど優遇されます。言ってみれば、金持ちほどより金持ちになりやすいのです。どうしてそうなのでしょうか？　それは『お金は淋しがりや』という性格を持っているからだと思います。淋しがりやのお金は、他のお金とくっついて集団を作りたがるのです。お金は他のお金を仲間に誘う力を持っているのです。

君がもしビジネスの世界に入るならば、お金のこの性格を充分に理解しなければなりません。一つの例を説明しましょう。カラオケボックスが世の中に登場したばかりの頃、ある地方でいち早くこの商売を始めて非常に成功した人に会いました。その人は今まで儲けたお金を元手に、さらなる大型店を作ろうと計画していました。

その人は私にカラオケビジネスがいかに儲かるかを説明してくれましたが、私は次の質問をしました。

「もし私が莫大な資金力を持って、あなたのお店の隣で、あなたのお店より優れたカラオケの機械で、しかもあなたのお店より低料金で同じ商売をやっても、あなたの店には客が来ると思いますか？」

「そうなったらお客は来ません。でも、そうなったら、その店に対抗して、もっといい機械を買って、もっと料金を下げて、失ったお客を取り戻しますよ」

と、その人は言いました。

「そうですか。そうなったら、私ももっといい機械を入れ、さらに料金を下げます」

と、私は言いました。

「私も商売人です。もっと……」

その人は言葉に詰まりました。そうです、そうなるともうこの商売は決して特別に儲かる商売ではなくなっているのです。私がこの様なことを言ったのは理由がありました。カラオケボックスの商売は、東京でも最初は儲かっていました。しかし、大資本を持った企業が儲かる商売を無視するわけがありません。東京では大企業がそのビジネスに既に参入していたのです。もともと小さな資本でカラオケボックスをやっていた中小企業は、その競争に負け撤退していました。その地方はまだ東京の大企業が参入していませんでしたが、それは時間の問題でした。

もちろん、その人が他の人が真似できないような法律上保護される特許権などを持っているならば話は変わりますが、そうでもない限り、これだけ情報が簡単に流れる時代に一人だけ楽に儲かる思いをすることはありえません。そんな情報はすぐに流れて、後は資金量の勝負になるのです。なぜなら、お金は淋しがりやで、お金はお金の集団を作ろうとするからです。

簡単な例を使って説明しましょう。君が四十円を用意して、私が五百円を用意して、一回十円の掛け金でじゃんけんをしたとします。どちらが勝つと思いますか？　答えは私です。君の元手は四十円ですから、最初から四回続けて負けるともうゲームオーバーなのです。私の元手は五百円ですから、最初から五十回続けて負けない限り、勝負は続けられるのです。最初から二十三回続けて負けて初めて君と持ち金が二七〇円同士で並ぶのです。

君はじゃんけんには自信があると反論するかもしれませんが、私と君で勝つ可能性はならせば、五〇％です。もちろんそれぞれの持ち金は増減するでしょうが、何度も勝負をすると、最終的に私が勝つことになることを理解できるでしょう。

お金は他のお金を呼ぶ力があるという性格が最も顕著に現れるのが、「ねずみ講」と呼ばれるシステムです。ねずみ講とは、お金のつながりでできた組織で、例えば、君がその組織の会員になるためには、一万円の入会金を君をその組織に紹介してくれた〝親〟に払います。その代わり君は〝子供〟を五人までその組織に紹介できる権利を持ちます。その子供たちからそれぞれ入会金を一万円をもらえるので、君は五万円を手にすることができます。君の子供たちも同様に〝孫〟から入会金を集めることができます。このようにすると、組織のメンバーの全員が四万円を儲けることができま

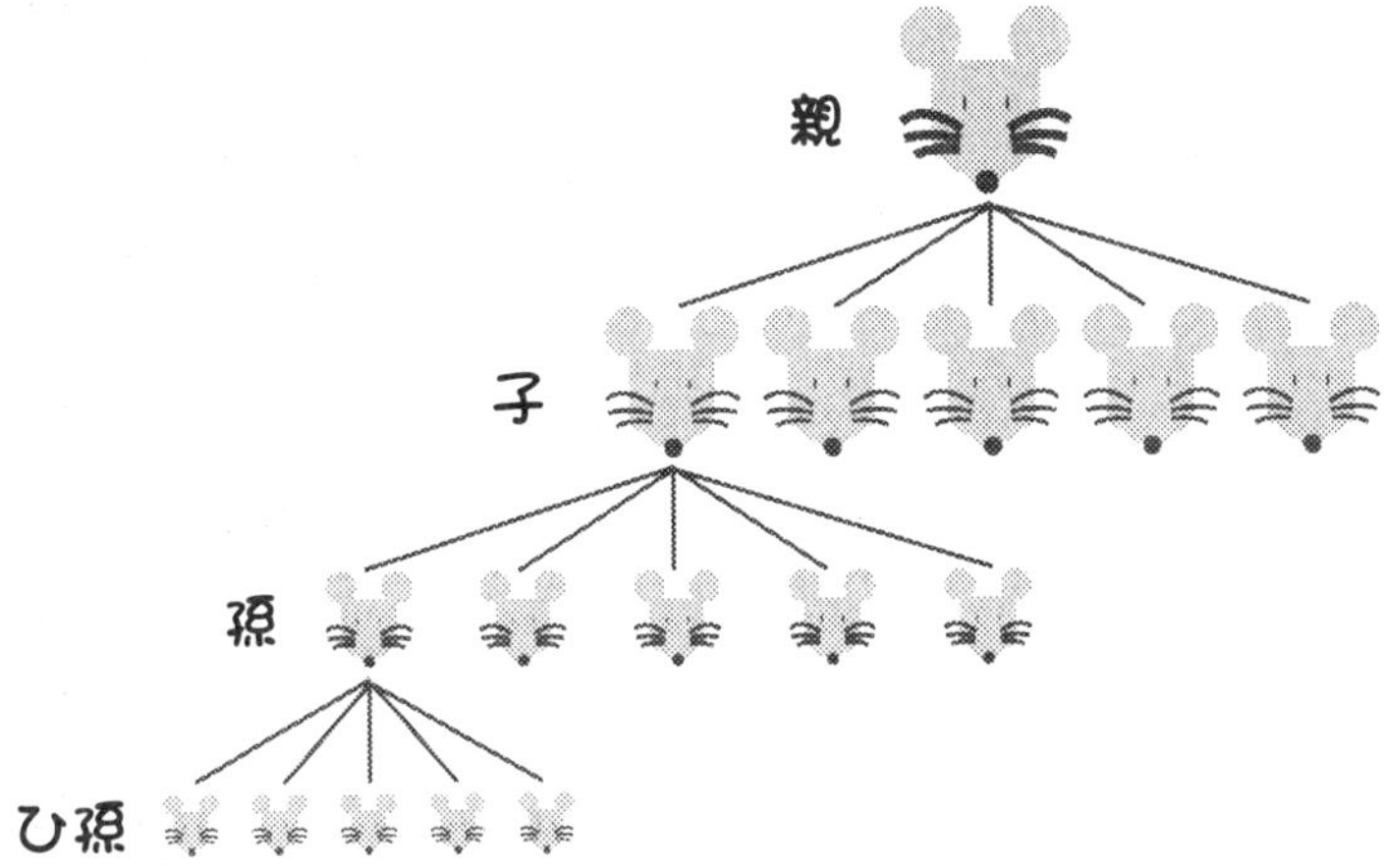

す。したがって組織は、文字通りネズミ算式に増えていくでしょう。

しかし、この組織は間違いなく破綻します。それは人間の数が有限だからです。子、孫、ひ孫、ひひ孫、……と続いて行けば、いつかは自分の子供を捜すことができなくなる人が現れるからです。このようなねずみ講は、投機性が強く社会的に問題があるということで、法律で厳しく規制されています。しかし、法律で規制されても、手を代え品を代えてねずみ講的なものは、常に世の中に姿を現してきています。

私は君に再三にわたって、お金に支配されてはいけないと説明してきましたが、敵を知らなければ戦うことはできません。敵の性格を十分に理解しなければいけません。お金は淋しがりやであって、お金は他のお金を呼ぶ力があるということを十分に理解して下さい。特に、ねずみ講やねずみ講みたいなものは、君が被害者になりますし、最悪なことに君が加害者にもなるのです。絶対に巻き込まれないようにしなければいけません。

（お金より淋しがりやの父より）

第24の手紙　高田さんから教わった知恵

この前はリスクとリターンの関係について説明しました。今日は、また株の達人である家具屋の高田さんの話をしましょう。

高田さんは、株式の投資が大好きです。しかし、いつも口癖のように「株ほど怖いものはないよ。その会社が倒産したら単なる紙くずになるのだから」と言っていました。私はある時高田さんに「どうしてそんなに怖い株なのに、高田さんは株を買うの？」聞きました。高田さんは、笑顔で「三分法だよ」と答えてくれました。

高田さんは、自分の持っている資産を、預金と債権（国債や社債）と株式の三つに分けているそうです。預金は、わずかな金利しか付きませんが、銀行がつぶれない限り預けた金額が必ず返ってくる安全な資産です。債権は、預金より高い金利は付くものの、お金が拘束される期間が長く、投資した金額（元本と言います）が必ず返ってくることになってはいますが、その債券を発行している国や会社が破産すると返ってこない危険性があるものです。最後に株ですが、これは会社から配当金をもらえるかもしれませんし、安く買って高く売れば売却益が得られます。特にこの売却益は投資額の二倍や三倍になることや、場合によっては十倍を超えることだってありますが、その反面、二分の一や三分の一になることや、投資した会社が倒産した場合には、株券が紙切れ同然に価値がなくなることさえあります。高田さんは、各資産がそれぞれどんなリスクを有し、どんなリターンを得る可能性があるかを考えて、自分の資産を全体としてバランス良く運用していました。

高田さんがこんな講義を私にしてくれた時代は、日本経済は高度成長と物価上昇という特徴を持っていました。物価が上がるということは、例えば、タンスの中に何年間も百万円置いておくと、百万円は百万円ですが、その百万円で買えるものが少なくなります。物価が上がり続けると、お金の価値が物価上昇分だけ減ります。一方で、日本経済は高度成長を続けていましたから、一般的にはその成長に合わせて、株価は上昇するものです。そのような時代においては、預金より株式が有利ということが言えるかもしれません。しかし、高田さんの言葉にあるように、株式は一夜で紙切れになる危険性もあります。そこで高田さんは、資産を分散して全体で安全で確実な利益を上げるようにしていたのです。

これは、遊園地における時間の使い方と似ています。遊園地に到着してから帰宅時間まで七時間あるとします。遊園地の乗り物には、人気があって数時間待たなければならないものや、人気がなくてほとんど待たなくてよいものまであると思います。人気のある乗り物は、楽しいかもしれないが、長時間待たなければいけない。それがおもしろければ満足できるのですが、長い時間待ったにもかかわらず、もしつまらなかったら取り返しがつきません。高田さん流の考え方に基づけば、要するに今日一日を全体として確実に楽しい日にしたいということです。その場合には、人気のある乗り物だけではなく、人気のない乗り物も取り混

ぜて乗ることになります。そうすれば、万が一、長い時間待った乗り物がつまらなくても、他の乗り物もたくさん乗ることができるので、そのショックは和らぐことでしょう。

しかし、遊園地を例にしたこの説明は、君は十分に納得できないかもしれません。それは、列ができている乗り物は、以前に自分が乗って面白かったからか、あるいは友達が乗って面白いと言っていたから、という仮定があるからです。しかし経済の世界は違います。長い列ができているのは、それが「面白そうだ」という理由だけで、ほとんどの場合、その乗り物に実際に乗った人がいないのです。

現在は高田さんの時代より、複雑になっています。しかしながら、世の中が複雑になればなるほど、資産をリスクに合わせて分散するという考え方はますます重要となります。先が見えない時は、一つの資産に偏ってはいけません。保有する資産をできるだけバランス良く分散させれば、将来がどのようになっても心配はありません。

（高田さんの弟子の父より）

＜誰が「百年に一度の大不況」と言い出したか？＞

現在の金融危機を語る場合、マスコミは決まり文句のように、「百年に一度の」という形容詞をつけることになっています。これは、一九八七年から二〇〇六年まで、米国の中央銀行であるＦＲＢ（連邦準備制度委員会）の議長を務めたアラン・グリーンスパンが言った言葉です。

彼は、就任直後の一九八七年に起きたブラックマンデーを巧みな金融政策で乗り切り、一九九〇年代の米国の黄金時代を支えた中心人物であると高い評価を受け、「金融の神様」と呼ばれていました。また、彼は音楽の名門であるジュリアード音楽院を卒業した元サクソフォーン奏者という異色の経歴を持つエコノミストであったため、金融の「マエストロ（指揮者）」と賞賛されていました。

彼は、二〇〇八年九月に出版した自著「波乱の時代」の中で、今回の金融危機を「百年に一度か五十年に一度の事態」と記しました。しかし、同年十月の米下院公聴会では、「我々は百年に一度の信用危機の津波の真只中にいる」と証言し、自らの政策の失敗を認めました。金融の神様と呼ばれた人物が、「百年に一度か五十年に一度」という極めて大雑把な表現を使うこと自体が興味深いですし、「五十年に一度」という表現が消え、いつのまにか「百年に一度」という表現だけになっていくところに不思議な感じがします。

しかし、世の中は彼の「百年に一度」という言葉で動いていきます。まずは、この言葉を上手く利用しようとする人々が現れました。例えば、経営責任を回避しようとする経営者たちは、「異常事態だから損失を出すのも仕方がなかった」と言いましたし、従業員や派遣社員の首を切る理由にも、この「百年に一度」という形容詞は有効に使われました。グリーンスパン自身もこのグループに入っているのかもしれません。

その一方で、この言葉を肯定的に使う人々も現れました。例えば、「百年に一度」がこれくらいなら、この先怖いものはないと、何事も肯定的に考える人たちです。

世の中とは実におもしろいものです。一人の人間の発した言葉が世界を変えることもあります。もし、グリーンスパンがこの不景気を「二十年に一度」と表現していたら（私の個人的な感想では、「百年に一度」は少し大げさな気がしています）、世の中は間違いなく今とは違った動きになっていたでしょう。そう意味でも、彼はまさに世界を動かすマエストロだったのです。しかし、この言葉の重要なところは、何年に一度かは分かりませんが、景気には必ず波があるし、どんな人間も先のことは読めないということではないでしょうか。

第25の手紙　春の夜の夢のごとし

君も高校で「平家物語」を習ったと思います。知ってのとおり、平家物語は、栄華を極めた平家の没落と滅亡を描いた軍記物語ですが、私はこれには世の中を考えるヒントが隠されていると思います。

祇園精舎の鐘の声
諸行無常の響きあり
娑羅双樹の花の色
盛者必衰の理をあらわす
奢れる者も久しからず
唯春の夜の夢のごとし
猛き者も遂には亡びぬ
偏に風の前の塵に同じ

有名な平家物語の始まりの文ですが、昔の言葉で書かれているし、知らない固有名詞も多いので、私がこの文章を最初に読んだ時、この文章の意味が全く理解できませんでした。しかし、この文章が持つ言葉の響きやリズムが耳に残り、意味も分からずこの文章を何度も口ずさんでいました。参考書で調べると、平家物語は「人生の無常観」を示していると書いてありますが、私は、「無常」を「無情」（情のないこと）と誤解していたくらいです。

情の無い無情ではなく、常では無い「無常」は仏教の言葉で、一切の物は生まれて死に、常に変化して常住ではないことを意味するそうです。あれだけ栄華を誇った平家も、「春の夜の夢のごとし」であり、終わってみれば、「風の前の塵」と同じなのです。

私は以前君に、お金は淋しがりやだから、ビジネスの世界では最終的には資金力のある者が勝つと説明しました。しかし、その資金力のあった成功者も決して長続きはしないのです。これは歴史が証明しています。人類の長い歴史の中で、百年という期間は、ほんの一瞬に過ぎません。そのたった百年という短い期間においてでも、常にトップの座を維持し続けた企業は世界に非常にわずかしかありません。ビジネスの世界もまさに「無常」なのです。しかし、無常だからこそおもしろいのです。資金を持っている成功者のみが成功するのではなく、新しい成功者も必ず出現するのです。どうして、資金力も持った大企業が没落していくのでしょうか？　私はこの理由は恐竜が滅亡した理由と似ていると思っています。恐竜はその体の大きさのため、体の小さな動物より優位性を保っていました。しかしその大きい体を維持するのに大量の食料が必要です。地球が寒冷化して食料が減るという環境の変化が起こると、実は体の大きい恐竜の方が他の生物より生存力が弱かったのです。

大企業は取り巻く環境が安定している時には、その環境に適するように成長し体制を作っているゆえに、大企業の強みを発揮できますが、環境が変わると、その大きな組織を維持するコストが足かせになります。さらに組織が大きすぎるため、改革のスピードが遅く、その変化に対応できなくなるのです。

世の中が無常であることから、私は君に三つのことを言いたいと思います。

一つは、君が将来の進路や就職先を決める時、あるいは君の人生の伴侶を決める時、さらには君の子供が進路を決めるための助言をする時、その時に隆盛しているからとの理由は非常に危険であるということです。世の中は無常であり、その時によい企業や職業は必ず悪くなると考えるべきです。

二番目には、そのような無常の世の中で、生き抜いていくにはどうしたらよいかということです。これは自分に力がなければいけないということです。世の中は注意せずに見ると、静止しているようにも見えます。これは運動会の綱引きと同じと考えるべきです。両軍が綱を引き始めた時には、確かに綱は止まっています。しかし、力のバランスが崩れると綱は動きます。綱が動いていないからといって、君のチームが綱を引くのをやめると、綱は敵側に引っ張られていきます。世の中は無常といっても、色々な方向に引っ張られて均衡が保たれています。その均衡は少しずつ変化しているのです。君が引っ張る努力をやめた瞬間、手から綱引きの綱は抜けて行きます。

そして三つ目に、このような無常の世の中においては、もし君が何かに失敗してもそれは本当に小さいことだということを認識すべきです。もちろん失敗しないための努力と知恵を持たなければいけませんが、結果として失敗してもそのことを恐れてはいけません。反対に君が何かに運良く成功しても、この無常の世の中においては小さいことであるという謙虚な姿勢を持ち続けるべきでしょう。

（自分は「無情でない」と思っている父より）

〈内定取消しに思うこと〉

「百年に一度の大不況」の煽りを受けて、多くの企業で内定取消しを発表しました。これから社会に飛び出そうとした若者たちの前途に傷をつけることになったことは非常に残念なことです。しかし、私は内定を取り消された若者たちに言いたいことがあります。もちろん、突然の内定取消しはショックな出来事であったかもしれませんが、内定が取り消されずにその会社に入社していたことを考えれば、むしろ良かったと考えるべきです。

内定を取り消した企業には、二つのパターンがあると思います。一つ目のパターンは、この景気の変動を読みきれなくて突然内定を取り消した企業であり、もう一つは、この景気の影響を考えれば、新たな人材を確保することができないと冷静に判断した企業です。

企業経営において、一番重要なものは人材です。しかもその人材の教育には時間がかかるものです。したがって、企業にとって採用ほど重要なものはありませんし、採用ほど長期的視野に立って計画を立てなければいけないものはありません。

今回内定取消しをした前者のパターンの企業は、正に先の読むことができない企業です。そんな企業に入社していたら、あなたの貴重な人生もその企業に振り回されることになったでしょう。また、後者のパターンの企業はもっと深刻です。このパターンの企業は、冷静に考えて先が無いと判断したのだから、もし、あなたがその企業に就職していたら、あなたの人生も先が無かったことになります。

そうは言っても、何の波乱も無く普通に就職ができた友達を羨ましく思えるかもしれません。しかし、定年まで約四十年と考えると、日本の企業で四〇年後も絶対に倒産していないと保証できる企業は一社もありません。過去の事案も見ても、誰もが驚くような大企業が意外に脆く倒産しています。

私の娘も含めて、今の若い世代は安定志向だと聞きます。そのような考えを持つことは否定しませんが、就職という長期的視野に立って判断しなければいけない事象に対して、安定という要素だけを優先するのはむしろ危険であると思います。安定だけを求めて選んだ企業が倒産すると、それこそショックではないでしょうか。また、大学を卒業後入社した企業を定年まで働く比率は極めて低くなっています。先のことが読めないからこそ、「好きなこと」を優先することも重要なのではないでしょうか。

第26の手紙　戦国武将の墓

今日は、君に保険の話をしましょう。

保険というと、君は難しい話だと顔をしかめそうですが、残念なことに簡単ではありません。しかし、君が社会人になると、保険とは必ず付き合っていかなければいけないものです。我慢して話を聞いて下さい。

もし君が今後の人生で困難に直面して悩むことがあるならば、君が感じる困難の最悪とはどういう状況なのかを考えてみるとよいでしょう。現代においては、最悪といっても、命まで奪われることは、まあないでしょう。命まで奪われることがない以上、その最悪と考えることは、案外大したことはないものです。

しかし、万が一ですが、君が不治の病になって、その最悪な状況が命を奪われることになるのならば、私も君にアドバイスできることは多くはないでしょう。私もそんな経験をしたことがありません。

戦国武将は、戦いに出る前に自分の入るべきお墓をこしらえたと聞きます。戦国時代においては、明日の自分の命さえ分からなかったのです。しかし、お墓さえこしらえておけば、自分の屍が野にさらされるという武士として、もっとも恥ずべき事態を回避できると考えたのでしょう。自分の死に場所を確保でき、最悪の状況を回避できたので、戦国武将は安心して、果敢に戦うことができたのです。

君が大人になって社会に出て行くということは、戦いに出るのと同じかもしれません。戦国時代と違って命を奪われることまではないと思いますが、思い切って戦うためには、常に最悪の事態を想定し、かつその最悪の状況を君が我慢できるレベルまでにしておく必要があると思います。私は現代において、その最悪の状況を少しでも改善する手段が「保険」だと思っています。最悪の状況は何か？　その最悪の状況であっても、我慢できると判断できるのであれば、君は思い切って外で戦えるはずです。そのために保険は重要なのです。

保険の本来的な意味は、同じ種類の事故に会う可能性がある者が、一定の掛金（保険料）でその損害を填補する制度です。簡単な例で説明すると、いま、仮に百軒の商店があって、店一軒を作り直すには一千万円がかかるとします。したがって、それぞれのお店が火事になって店が焼失した時に備えるためには、一千万円を用意しなければ

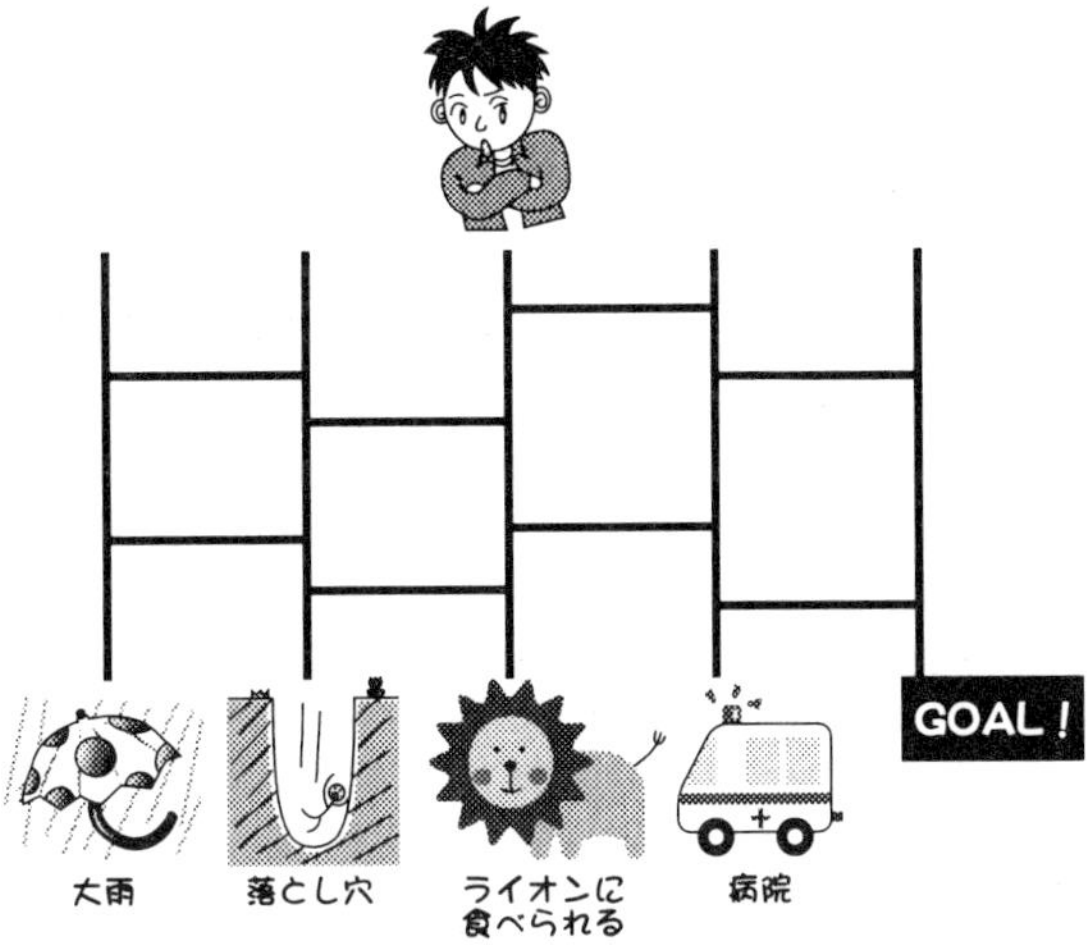

ばなりません。しかし、すべてのお店が一千万円を用意するのは大変です。そこに頭のよい人が現れました。その人はそれぞれのお店から十万円を集め（合計でそれぞれ一千万円になります）、この商店街でだれかの店が火事になって焼失した時には、一千万円をその店に渡すという制度を作りました。これが〃保険〃で、この頭のよい人が〃保険会社〃です。それぞれのお店はたった十万円の保険金を払うことで、火災で店がなくなるという最悪の状況を回避することができるのです。

この例は、火災という損害に備えるものので「損害保険」と言います。損害保険には色々な種類がありますが、例えば、車の事故に備える「自動車保険」が有名です。また、損害ではなく、人の死亡や病気に備える保険に「生命保険」があります。さらに、政府が強制的に加入させ、政府が管理している保険を「社会保険」と言います。これには、健康保険、労災保険、雇用保険、公的年金が含まれます。

保険は、君が社会に出て思い切って仕事をするために重要な手段です。しかし、現在、日本においては保険という制度が問題となっています。話を単純化させるため、また商店街の火災保険の例を使って説明しましょう。

一番目の問題は、預かった一千万円（大金です）の運用です。保険会社は、せっかく一千万円もあるのだから、単に銀行に預金するだけでなく、色々な資産に投資してもっとこの金額を増やそうと考えるでしょう。この考え自体は間違っていませんが、日本の保険会社や保険業務を行っている公的機関は、この運用に失敗してしまったのです。預かったお金を増やすどころか、減らしてしまったのです。

二番目の問題は、保険会社の支払わなければいけない保険金が多すぎたということです。商店街の火災保険の例では、例えば、火災が同時に二軒生じてしまい、その二軒の店を救済するために二千万円必要になっているような場合です（手元には一千万円しかありません）。保険料は過去の統計的データに基づき、将来起こりうる可能性を計算して算出すべきものですが、この計算が狂うと保険会社は、保険金を払う財源がなくなります。

三番目の問題は、保険会社の組織の問題です。商店街の火災保険の事務を、誰かが片手間に行う場合には考えなくてもよいのでしょうが、保険事務だけを専門に行う人が必要だとすると、その人の給与を商店街の百軒のお店で負担しなければなりません。一人分の給与ならともかく、それが二人三人となり、そのために事務所も借りなければいけないとなると、これまでの保険料ではもう負担しきれなくなります。日本の保険会社や保険事務を行っている役所を見てください。どれも一等地の立派なビルに入っていますね。従業員や職員も相当な数になっています。実際に保険の仕事は大変ですので、多くの人が必要だとは思いますが、客観的に言って、これらの組織は肥大化し過ぎていると思います。

君の困惑した顔が眼に浮かびます。今日の保険の話はこの辺で終わりにしましょう。しかし保険の話は、明日もさせてください。

（保険会社のまわし者ではない父より）

第27の手紙　良い保険とはシンプルな保険である

昨日に続いて今日も、保険の話です。昨日説明したように、日本における保険制度は多くの問題があります。

しかし、君の将来において、君の手に余る事態が発生することに備えて、保険に入ることはぜひとも検討しなければいけません。その場合に注意しなければいけないことがいくつかあります。今日はその話です。

まず、君が社会人になれば、強制的に政府管掌《かんしょう》の社会保険に入らなければなりませんが、それだけでは十分ではないのです。残念なことですが、現在の日本の社会保険は、昨日説明したように保険制度が抱える問題点のすべてを持っていると言わざるをえません。したがって、君がその保険料を負担して、将来保険金をもらうべき事態が生じても、十分な保険金が君に支払われないリスクがあることを想定しなければならないでしょう。

次に気を付けることは、保険会社が潰れるリスクがあるということです。したがって、君が契約を結ぶ保険会社は、潰れる可能性が低い会社を選ばなければいけません。この文章を書きながらつくづく思うことですが、君たちは大変な時代を生きていかなければならないということです。私も両親から保険の重要性を聞かされていましたが、支払った金額に見合う保険金がもらえないリスクがあることや、肝心の保険会社が倒産するかもしれないリスクを考えなければならないとは聞いたことがありませんでした。もともと、保険は「転ばぬ先の杖」です。その保険会社自体が潰れてしまっては、保険の意味が全くありません。保険会社からパンフレットを取り寄せると、いかにその保険商品が魅力的であるかを謳っています。しかし、最も重要な点は、その保険会社の財務体質がどれだけ健全であるかなのです。

どの保険会社のパンフレットを見ても、とにかく保険の仕組みは複雑です。会計士の私でさえ理解に苦しみます。これは日本の保険商品が、将来のリスクに備えるという保険の本来の機能に貯蓄や投資といった機能が加えてあるためです。貯蓄や投資とは、前にも説明した通り、生じるリスクの種類に合わせて分散して投資するものです。私は、不慮の事故に備えるという本来の役割以外の別の要素を入れた保険は加入すべきではないと思います。

なぜなら、保険契約はその性格上どうしても長期的なものになるのです。時が経つと、家族はもちろん社会の環境が異なるはずです。また、保険契約を結んだ人と受け取る人が別になる場合もあります（生命保険は必ずそうなります）。さらに、現在の保険制度は多くの矛盾点があり、今後多くの制度改革が行われることでしょう。ただでさえ難しい保険商品の仕組みを、実際に保険金を受け取る数十年後に、誰が契約の内容を明確に説明できるでしょう。もちろん、その時には、保険契約を結んだ時に詳しく説明してくれたセールスマンは、もういないと考えるべきでしょう。そうなると、もう保険ではありません。私は、できるだけシンプルな、保険本来の機能だけを持った保険に加入すべきであると思います。投資や貯蓄は、保険とは別に行えばよいのです。

この話に関連して、「変額保険」という保険商品が社会問題を起こしました。変額保険とは、保険という名前が付いていますが、実は契約者に借金をさせてまで、投資をさせるものでした。その投資がうまくいかなかった場合には、契約者は単に保険料を払うだけではなく、借金の返済まで請求されました。こうなるともう保険とは正反対の「投機」か、それ以上に危険な存在でしょう。

君は保険の重要性を十分に理解しなければなりません。保険の機能とは将来の君に起こりうるリスクに備えることです。保険契約を結ぶ時には、色々な注意点をよく考えなければいけません。

君が将来を考える場合には、将来の夢を考えるべきです。しかし、同時にその夢を実現するために受け入れなければいけないリスクを考えるべきでしょう。その頭の整理は、君の夢を単なる夢に終わらさずに実現させるための重要なプロセスになるはずです。君に必要な保険を考えることは、君の夢の実現のための有用な思考プロセスになるはずです。

（決して保険会社のまわし者でない父より）

第28の手紙　年間二百五十万円の年金

今日も広い意味で保険の話をします。保険といっても、今日のテーマは公的年金です。公的年金の基本的な仕組は、一定期間（二十五年以上）保険料を払えば、老後（六十五歳）を迎えたときから、死亡するまで年金をもらうことできるというものです。実際に支給される年金額はその人のおかれている条件によって異なります。とは言うものの、金額的なイメージを持ってもらうために、一般的なケースを説明すれば、夫がサラリーマンであった夫婦世帯では、年間二百五十万円程度の年金が支給されているそうです。夫婦世帯にとって、年間二百五十万円（月に約二十一万）というのは、決して少なくはないし、かといって多くもない、微妙な金額であると言えます。

公的年金の制度は非常に複雑ですし、私も専門家ではありません。しかし、このテーマは、日本の社会の問題の縮図とも言え、とても重要なものとなっています。年金の話をせずに、お金の話をしたとは言えませんし、年金の理解なくして、これからの君の人生においてお金とうまくつきあっていくことはできません。したがって、がまんして聞いてください。

そもそもなぜ公的年金制度が必要なのでしょうか？

老後の生活を安心して暮らすためには、実際に老後の生活を送る時に、それまでの暮らしと大きく変わらない生活ができる収入が確保されていることが必要です。しかし、これには二つの不確定要因があります。

第一に、あらかじめ何歳まで生きるか予測することが難しいということです。六十五歳からを老後と考え、平均寿命を八十歳と考えると、平均すると約十五年の期間となりますが、九十歳や百歳まで生きる人も珍しくありません。

二番目の不確定要素は、将来の経済情勢が予想できないということです。二十歳の時から考えると、年金を受け取り始める六十五歳は四十五年後、平均寿命の八十歳を迎えるのは六十年後となります。五年先や十年先の経済情勢であっても誰も正確に予想できないのに、このような遠い将来を誰にも見通すことができません。

このような不確定要因がある中で、老後の生活に必要となる収入の確保をするためには、自分で貯蓄しておくか、あるいは、自分の子どもからの扶養に頼るか、という選択しかありません。

しかし、自分が何歳まで生き、その時の経済社会がどのように変わっており、それに備えるためにどれくらいの貯蓄をしておかなければいけないかを、見通すことは不可能です。歴史を振り返ってみても、インフレや不況によって、せっかく蓄えた財産が大きく目減りしてしまったこともありましたし、むしろ、数十年単位で考えれば、大きな経済変動が起こることの方が自然なのです。

また、子どもからの扶養に頼ると考えても、少子化が進行しており、親を扶養する子ども一人当たりの負担も大きくなっています。さらに、子どもが病気や事故に遭って収入を失うと、その親も貧困に陥ることになりますし、そもそも子どものいない人は、老後に頼るべきものが何もないことになります。

したがって、安定した老後の生活を保障するためには、個人や民間レベルだけで解決することは不可能であり、政府が管理する公的年金という制度が必要となったのです。

現在の公的年金の制度は、二階建ての構造になっています。一階部分は、二十歳から六十歳までの全ての国民が加入しなければならない「国民年金」であり、その上の二階部分には、サラリーマンが加入する「厚生年金」と、公務員等が加入する「共済年金」があります。もし、君が自営業の商店主だったら、国民年金だけに加入し、将来、国民年金だけを受け取ります。この場合、君にとって年金制度は「平屋建て」です。一方で君がサラリーマンになったら、厚生年金を受け取りますが、その中には国民年金が含まれますので、年金制度は「二階建て」となります。

平屋建てにしろ、二階建てにしろ、公的年金は以下のメリットがあります。
① もらえる年金の金額は、将来の賃金や物価にスライドすることになっています。
② どんなに長生きしても、年金の受給は亡くなるまで行われます。

③　障害者になっても障害年金が支給されるし、一家の大黒柱が亡くなっても遺族年金が支給されます。

このようなメリットがある公的年金制度ですが、実は多くの深刻な問題をかかえています。その一番の問題が、年金制度というのは、基本的に若い働ける世代がお年寄りにお金を分配することを繰り返す制度であり、自分で積み立てたお金を自分で使うというシステムになってないということです。

現在の公的年金の財源を考えると、君のおじいさんやおばあさんの世代は、自分の払った金額以上の価値の年金を受け取る計算になっており、私の世代では払い込んだ金額と同じくらいの価値の年金を受け取れる計算になるそうです。しかし、少子高齢化が進む君たちの世代では、払い込んだ金額より少ない金額の価値の年金しか受け取れないという計算になりそうなのです。

しかも、年金事務を扱う役所が無駄なことをしたり、大切な年金財源の資産の運用に失敗したりと、問題がさらに深刻になっています。このような状況が続けば、年金に未加入の人が増え、ますます年金財源が足りなくなるという悪循環が続いてしまい、年金財源が破綻する可能性があります。

年金の問題は、根本的には政治が解決する問題ですが、少なくても君には次のアドバイスをしたいと思います。

まず、日本国内に住むすべての人は、二十歳になった時から国民年金の被保険者となり、保険料の納付が義務づけられます。これは学生であっても例外ではありません。（ただし、在学中の保険料納付を猶予する「学生納付特例制度」が設けられています。これは、本人の申請に基づき適用されますので、忘れないようにしましょう）悪法といえども法律です。議論はあるものの、君は義務として二十歳を過ぎれば年金には加入しなければいけません。

しかし、義務だからしょうがないと言っても、君は納得しないでしょう。仮に君の払い込んだ金額の二割が将来返ってこないとしても、八割分は政府によって強制的に貯金してもらっていると考えたらどうでしょう。自分で毎月決まった金額を貯金していくのは相当の自制心が必要となります。貯金をする習慣をつけてもらうことに感謝したらどうでしょう。また、戻ってこない二割分はどう考えるべきかと言えば、それはこの国を築いてくれた先輩たちへの感謝の寄付であると考えれば、あきらめもつかないでしょうか。（正直言って、この説明はかなり苦しいのですが……）

私がこのようなことを言うのには理由があります。君も知っての通り、先日、君のおじいさんが脳卒中で倒れました。事業家であった私の父は、結局何にも財産を残すことができませんでした。しかし治療や入院にはお金がかかります。正直言って私は頭を抱えていましたが、あの波乱万丈の人生であった父も厚生年金に加入しており、年金が支給されていたのです。その金額は、ちょうど平均的なケースの年間約二百五十万でした。私の父の入院はこの先何年かかるかわかりません。これは本当に助かりました。

年間二百五十万という金額は十分ではないかもしれませんし、君が年金を受け取る頃には減額されるかもしれません。しかし、少なくない金額であることは確かです。

この金額を貯金でまかなおうとしたら相当な金額を貯金する必要があります。（単純計算で、年二百五十万円を二十年間にわたって使う場合、五千万の貯金が必要となります）年金は強制加入であるので、老後に必要な資金額を考える場合、まず、年金の金額を考慮しておくべきでしょう。

最後に矛盾することを言いますが、将来の見えない時代ですから、国が自分を百パーセント守ってくれるという考えは捨てるべきでしょう。不足する部分や将来の不安定要因に対しては、やはり、自分でカバーすることも考えておく必要はあります。

（神に誓って社会保険庁のまわし者ではない父より）

＜改めて「金持ち父さん」を読んでみると③＞

「金持ち父さん」の中には、次のように、儲けたお金を社会に還元すべきであるというくだりがあります。

「金持ち父さんは教育だけではなく、お金も人々に与えた。彼は「十分の一税」という考え方を固く信じていた。「これは何かほしいものがあったら、まず与えなければだめだ」という考え方だ。お金が足りなくなると教会や慈善事業に寄付をする。それが金持ち父さんのやり方だった。」（二六三頁）

このような記述があるために、「金持ち父さん」には熱烈な信望者がいるのかもしれません。しかし、私が、「金持ち父さん」を嫌いだから言うわけではありませんが、どうも著者の言うことが信用できません。勝海舟がお金はどうして手に入れたかが重要だと言うように、お金には色があると思います。

「金持ち父さん」では、お金を儲けるために次のような方法を勧めているのです。

「中でも私がよく勧めるのは、合法的なマルチ商法を行っている会社で仕事をしてみることだ。セールスの技術を学ぶにはこれほどいい学校はない。この種の会社の中には、成功の足を引っ張る要因の一つである、「失敗と拒否に対する恐怖心」を克服するためのすばらしい訓練プログラムを持っているところが少なくない」(一九三頁)

合法的にしろ、マルチ商法で行っている訓練プログラムを参考にしてまで儲けたお金を浄財しても、それが本当に社会に貢献していると言えるのでしょうか。私にはそうは思えません。彼の勧める寄付行為は、不当な手段での金儲けの後ろめたさを消すための免罪符であり、浄財ではなく浄罪なのではないでしょうか。

第29の手紙　お金が死ぬ時

今日は、君が将来自分の家を買うべきかどうかについての話をしましょう。

君も知っての通り、私もママも〝家〟については、相当のこだわりを持っています。事業家だった私の父は、生涯自分の家を持つべきでないという考えの人でした。どちらの考えが正しいかはさておき、もし家を買うとなると、それは君の生涯の買い物の中で最も高価な買い物になることでしょうから、慎重に考える必要があると思います。

自分の家を持つメリットとは何でしょうか？　家を借りることと比べると、家賃を払う必要がないということです。お金の面で考えれば、これが自分の家を持つ一番のメリットだと思います。自分の家を買う場合には、通常は住宅ローンを組むことになると思います。ローンの返済を行う必要がありますが、それは自分の正味の資産（家の価値－ローン残高）を増やすことになりますので、ある意味においては貯金をしているのと同じ効果を持ちます。一方で、家賃を払っても、それは単に他人にお金を払うだけで自分の財産を増やす効果はありません。一方は貯蓄と同じ意味を持ち、一方は単なる支払いにしかなりません。この差は年を経るほど大きな差になることでしょう。

私の場合は、まず、小さな2LDKのマンションを買いました。そして君が生まれた時に、そのマンションを売却して、小さな一軒屋を購入しました。さらに、その一軒屋を売却して、いまの古家を購入しました。このように幸運にも、私が何度も家の買い換えができたのは、不動産の値段が右肩上がりで上昇していたことと、私の所得もそれに合わせるように上昇していたためです。これからの時代はそのような条件が揃わないかもしれません。

私の父がどうして生涯自分の家を持たない主義であったかは、父の言葉を借りれば、「お金が死ぬ」ためです。不動産は大変高価な買い物です。私は前に自分の資産は、その資産の持つリスクとリターンに応じて分散して持つべきだと説明しましたが、不動産につぎ込まれるお金は、家が値上がりをする可能性を除けば、リターンは見込めません。もし、不動産の値段が下がったならば、大変なリスクを負うことになります。しかも不動産は、もし手放そうとしても、すぐに売却できるものでありません。商売人であった父にしてみれば、商売にとって一番重要な現金がこのように特定の資産に拘束され、必要な時にすぐに使えない状況を「お金が死ぬ」と表現していたのです。

専門的な言い方をすれば、お金が死ぬということは「資産の流動性がない」と言います。確かに資産の分散を考える時、この資産の流動性はリスクとリターンの概念とともに重要な概念であり、不動産ほど資産の流動性がない資産はありません。

私の経験上、日本には、立派な家屋敷や自分が経営する優良企業の株式を持った「資産家」は数多く存在しますが、現金を多く持つ本当の意味の「お金持ち」は少ないと言えます。立派な家屋敷であっても売却するのには時間もかかりますし、実際その家に家族が住んでいる場合には、転居先が決まらない限り売却することはできません。また、自分が経営する会社の株式はどんなに優良企業であっても、経営権の維持を考えれば、その株式も簡単に売却することはできません。このような資産家は、例えば、相続税などの税金を払わなければいけない状況が生じると、潤沢な資産を持っているにもかかわらず、銀行からお金を借りなければいけないという不思議な状況に陥ることがあるのです。

資産の流動性を欠くという問題点があるにしろ、それでも私は君に自分の家を持つように考えてほしいと思っています。それは、家は一つの資産であるとともに、家族が集まり語らう重要な場所であるという性格があるためです。前に君に、お金とのかかわり方を考える場合には、墓場までお金を持っていくことはできないことを常に考えるべきだと、説明しました。生きている間には、君が守らなければいけないものはたくさんありますが、その中でも重要なものの一つが、家族です。私には『家』というものは家族の象徴だと思えます。私は君にお金に支配されない人生を送ってほしいと思います。その一つのヒントが、家族を大切にすること、自分の家を持つことではないかと思います。

しかし、家を持つには、いくつかの解決すべき問題点があることも事実です。それは君の知恵を使って何とか乗り越えてほしいと思います。常識的には、私がしたように、最初は我慢をして小さな家を買い、君の財布と相談しながら、徐々に大きな家に買い換えをすることになるでしょう。ということは、君の住む家は売り物になる家なのです。いつでも売れるように掃除だけはしっかりとするようにしなければいけません。

（自分の部屋の掃除をしはじめた父より）

＜改めて「金持ち父さん」を読んでみると　④＞

「金持ち父さん」の中で私が最も嫌だと感じた記述を紹介します。

「私は一生仕事を続けるのはいやだ。私は安定した職につき郊外に一戸建てを持つなどという、両親と同じ夢を持つのもいやだ。私は雇われて働くのはいやだ。私の父は仕事が忙しくて、いつもフットボールの試合に来られなかった。私はそれがいやでたまらなかった。死ぬまで一生懸命に働いた父が死んだとき、政府が税金の名のもとに父の生涯の稼ぎの大部分を取り上げてしまったのもいやだった。父は自分が額に汗して稼いだものすら、子供に残すことはできなかったのだ。金持ちはそんなばかなことはしない。一所懸命働き、働いた分はしっかりと子供に残す。」（二三四頁から二三五頁）

家内は、どうして私が、それこそ親の敵のように、「金持ち父さん」という本を嫌っているのか不思議に思っています。それは、「金持ち父さん」の言っていることや、その行動原理が、まさに私の父が行ってきたことと同じだからです。

数年前、私は父の仕事仲間というAという人から連絡をもらいました。父が脳卒中で倒れたというのです。私は父が入院している病院に急いで向かいました。その場でAにも丁重にお礼を言いました。

病院で渡された父の荷物の中に父の財布が見当たらなかったので、父が経営する会社の事務員さんに連絡をとり、クレジットカードの使用を止めてもらいました。その晩、父のカードを持った人物がある店に現れたそうです。その人物は、父の誕生日や住所を告げ、カードの使用の再開を要求しました。カード会社はカードの使用を認めましたが、父が入院中であったことが証明できたので、カード会社はその利用代金の請求を断念しました。

翌朝、Aは、「盗まれるといけないと思って預かっていた」と、私に父の財布を返してくれました。その中にはクレジットカードが入っていました。

私は飛行機に飛び乗って、父の会社に向かいました。会社と言っても高齢な事務員さんが一人いるだけの小さな会社です。驚いたことに、七十をとうに過ぎた父は、友人、知人のみならず、その事務員さんからも借金をして、Aが紹介する不動産に投資(正確には、いわゆる土地転がし)を行おうとしていました。関連する書類を調べてみると、それは、投資案件としての検討をするまでもなく、詐欺まがいのものであることがわかりました。私は、Aに、父の病状を説明し、その投資を続行することが不可能であることを告げました。Aは、「もう少し投資をすれば、数億円が回収できるのに」というセリフを残して去っていきました。

私は、事務員さんの協力を得て、会社の清算計画を作り始めました。幸いなことに、父は会社を受取人とする生命保険に加入していました。しかし、明らかな高度障害である父に保険会社はその認定をしてくれませんでした。数回に及ぶ交渉と、ちょうどその頃、保険金の不払いが社会問題となり始めており、それが追い風になり、最終的には認定してもらえることになりました。その保険金や資産の売却代金で、債権者の人に返済を行っていきました。途中、税務署による銀行預金の差止もあり、難航はしましたが、約二年かかって、清算手続きを完了することができました。

残念ながら、債権者の皆さんには、債務の全額を返済することはできませんでしたが、納得してもらいました。また、事務員さんには、無給に近い状況にもかかわらず、面倒な手続きや一緒に債権者の方に頭を下げてもらうことまでやってもらい、本当に感謝しました。

その事務員さんが「失礼な言い方ですけど、あの時に社長が病気になられて良かったわ。あのまま元気だったら、こうやってお金を返すこともできなかったわね」と言いました。

私もそう思います。父は人生において、二回の自己破産をしています。しかし、そのたびに支えてくれる人たちに恵まれ、どうにか立ち直ることができました。三回目の自己破産は回避できましたし、今回の債権者の人たちは、そんな父を支えてくれた人たちでした。

私は父に、会社の清算が完了し、債権者の人たちには債務の全額を返済することができなかったが、納得してもらったことを伝えました。しかし、残念なことに病床の父はすでにその意味が理解できなくなっていました。

第30の手紙　節税と脱税の差

今日は君に税金の話をしましょう。

税金は私の専門領域です。税金とどのように付き合うかによって、その人のお金に関する哲学が明確に分かるものです。そういう意味においては、税金に関する話はお金に関する話の中で応用編だと言えるでしょう。特に、君は「脱税」と「節税」の言葉の差を理解しなければなりません。

税金というものを説明するために、二つのライバル企業の話をしましょう。いま、その二つの企業をA社とB社と呼ぶことにしましょう。A社とB社がしのぎを削っていた業界は、競争が非常に激しく、よい時は非常に仕事も多く収入もよい反面、競争に負けるとすぐに仕事がなくなるという厳しい業界でした。

A社はどんなに儲かっても、商売の浮き沈みを考えて、蓄えを増やそうとしました。そして最後には、税金すらも払うことがもったいないと思い、架空の経費を作り、税務署に対して利益の金額を過小に申告しました。税金の計算の基礎となる利益の金額は、簡単に言うと売上の金額から経費の金額を控除して計算しますから（売上－経費＝利益）、このように架空の経費を作ったり、あるいは売上の一部を除外することで、不当に利益の金額を小さくすることができ、結果として払うべき税金を少なくすることができます。このような不当な行為によって払うべき税金を少なくすることを「脱税」と言います。

一方、B社は浮き沈みが激しい業界だからこそ、本業に精を出し、できるだけ利益を出すことに努めました。「節税」ぐらい考えた方がよいという周りのアドバイスに対しても、B社の経営者は全く聞く耳を持たなかったそうです。

A社は、税務署の調査を受けた際にその架空経費のことが明るみに出て、多額のペナルティー（罰金）を取られた上に、その事実が報道され、業界における信用を失い、経営者が逮捕され、交代しなければならない事態となりました。このA社とB社との差は、正にお金に対する経営者の哲学の差が明確に出たものでした。

君は、税金というお金の問題で逮捕されることが不思議に思えるかもしれませんが、税法も法律で、それを守らない場合には当然に罰則が課され、状況によっては逮捕さえされることもあるのです。有名なギャングのアルカポネが逮捕された理由も、実は

脱税だったのです。

税金は、国民の義務として当然に払わなければならないものです。税金は法律（税法）に基づいてその計算方法が定められています。したがって、A社のように税法に定められた計算方法を逸脱して税金を計算し申告した場合には、「脱税」ということになります。しかし税法には、税金の金額を計算するためのいくつかの計算方法が認められていますので、その中で最も有利な方法を選択すれば、払うべき税金の金額を少なくすることも可能です。このように税法に認められた方法の中で払うべき税金を少なくする方法を「節税」と言います。当たり前のことで「節税」はよいですが、「脱税」はいけません。会計士や税理士の仕事の一つは、節税のアドバイスをすることです。しかし、一口に節税と言っても実は、その適用に微妙な問題があります。これについては明日に説明することにしましょう。

君が社会人になったら、必ず税金と付き合っていかねばなりません。税法も法律である以上、「知らなかった」では許されません。脱税は単に金銭的な罰則だけではなく、逮捕や社会的信用を失うという罰則が課せられる可能性もあるので、充分に注意しなければいけません。社会人になったら、税法に関する知識は必ず必要になります。

（君の顧問会計士である父より）

第31の手紙　節税という言葉の罠

今日も、引き続き税金の話です。

昨日は「脱税」と「節税」の差を説明しました。脱税はいけませんが、節税をすることは検討しなければいけません。しかし、この「節税」という言葉には『罠』があるのです。今日はこの話をしましょう。

歴史書を紐解いてみると、日本に限らず世界中のどこの国でもいつの時代でも、人類は税金を払う人民と税金を徴収する政府の間で、税金を原因とする争いや戦争を繰り返しています。それはすべての人が完全に納得できる税制というものは存在しないためです。誰でも苦労して稼いだお金を取られたくないものです。百歩譲って、税制が誰もが認める平等かつ合理的な方法で、しかも、自分の納めたお金が有効に使われるならば納得できるかもしれません。

特に所得税（個人を対象）や法人税（法人を対象）は利益の金額に応じて、払うべき税金が計算されます。要するにがんばって稼げば稼ぐほど、払うべき税金が多くなるのです。税金を払う方の立場からすれば、このような考え方には納得することができないでしょう。しかし、税金を徴収しなければいけない政府の立場からすれば、稼ぎの少ない人の税金の負担を小さくする方が問題が少ないと考えますので、稼ぎの多い人からなるべく税金を多く取るのは仕方ないと考えるでしょう。

税制というものは、そもそも誰もが納得できるものを目指しているものではなく〝我慢できる妥協点〟を目指すものなのです。したがって、税法はいつの時代であっても様々な要素を検討して微妙なバランスの上に出来上がっているものなのです。その微妙なバランスを修正するために、毎年税制改正がなされているのです。「税制は簡単で分かり易くすべきだ」という主張があります。確かに今の税制は複雑過ぎることは事実ですが、世の中が複雑になっており調整しなければいけない事項が増えていますので、簡単な制度にすることは不可能だと思います。しかも、そうやって納めた税金を使う政府は、いつの時代であってもお世辞にも無駄がない組織とは言えません。

そういう意味においては、税金とはそもそもすっきりしないものなのです。だからと言って、脱税をしてよいということにはなりません。君も法治国家に住む以上、法律は絶対に守らなければなりませんし、法律を守らない場合には、金銭的のみならず相当のペナルティーが課されることを忘れてはいけません。

それでは節税は考えるべきでしょうか？ 例えば、現在の日本の税制（法人税法）によると、会社に利益が生じた場合には、大体その四〇％の金額を法人税として払わなければいけません（もちろん細かい調整はありますが）。企業の経営者の立場からは、利益の四〇％を払うコストは無視することはできません。いろいろな工夫をして他のコストを節減していることを考えますと、税金であっても合理的な範囲内で節減しようとするでしょう。「節税」という言葉の響きは、企業の経営者には、実に甘い響きを持っているのです。

しかし、会計士の私が言うのも変な話ですが、実は、脱税と節税の差はそんなに明確でない場合が多いのです。もちろん、売上金額を故意に隠したり、架空の経費を作ることは明らかに脱税ですが、実際にはその判断が非常に微妙なケースが多いのです。税金に関して事件が起こると、新聞などで税務署と納税者との「見解の相違」があるとよく報道されていますが、本当に判断がつかないケースが多いのです。

私は以前ある芸能法人の税務調査に立ち会ったことがあります。その芸能法人では、所属タレントの歯の矯正代を必要経費として処理していました。その根拠はテレビのコマーシャルではありませんが、「芸能人は歯が命」ということでした。しかし税務署の調査官は「歯の矯正はタレント個人が払うべきもので、芸能法人が払うべきものでない」と、平行線が続きました。結果的には、半分の金額だけを必要経費として認めてもらいましたが、もちろん歯の矯正費は半分だけ必要経費にするという税法はありません。

また、一口に「節税」と言っても、誰にとっての節税であるのかも明確にする必要があります。ある人が株主となって会社を設立して、ビジネスを行ったとします。日本ではほとんどくまなく税制の網が張られていますので、会社の利益には法人税が、個人の所得には所得税が、人が亡くなってその人が持つ会社の株式を相続した場合には相続税がかかります。ある節税案は、確かに個人の所得税を減らすかもしれませんが、反対に法人税や相続税を増やしているということもよくあります。日本の税制は精巧にできていますので、法人税にも所得税にもそして相続税にも、すべての税金に効果のある節税案を作ることは至難の業と言えるでしょう。

さらに、世の中で「節税案」と言われているものの多くは、税金を払う時期を遅らせているに過ぎないことに注意しなければいけません。例えば、今年の利益を来年の利益に先送りするような節税案です。確かに今年は利益がなくなるため税金を払う必要がないのですが、それは全く税金を払わなくてよいということではなく、来年になったらその分の税金を払う必要があります。

これに対する反論として、来年もまた再来年も同様な節税案をすれば、永久に税金を払わなくてよいではないかということですが、そうは簡単に物事は進みません。日本の税制は巧妙にできているので、本当の意味での節税案は考えにくいと思います。私はその年の税金の支払いは回避したが、来年以降にその分のツケが回ってくることを知らずに、後年に大変な思いをしているケースを数多く見てきました。

このように脱税はいけないが、節税といっても絶対的に問題がないと言い切れないことも多いのです。どこまでやるかはバランスの問題であり、そのバランスをとることは容易ではありません。税金に関する問題は、お金の問題の応用編なのです。公認会計士の娘としてがんばってください。

（「公認の仲」という言葉が気になりだした会計士の父より）

＜会社を作ることは節税になるか？＞

よく、「節税のため会社を作ったら」という声を耳にします。また、「金持ち父さん」中でも、再三節税のために会社を作ることが勧められています。「金持ち父さん」は、米国の税法を前提にしていますので、そのアドバイスをそのまま受け入れることはできませんが、それでは、日本の税法を前提に考えて、会社を作ったら本当に節税になるのでしょうか？

結論から言えば、「節税になることもあるし、節税にならないこともある」ということになります。

日本における最高税率は、個人所得税が約五〇％で、法人所得税は約四〇％ですので、一見会社を設立した方が有利に思えます。

しかし、会社にたまった利益をどのように引き出すかを考えておく必要があります。株主が会社からたまった利益を引き出すことを配当と言いますが、配当も個人所得税の対象となります。この関係を簡単に説明しますと、一〇〇の所得に対して法人で四〇の法人税がかかり（100×40%）、法人税支払後の利益六〇を全額配当する場合には、個人で三〇の所得税がかかり（60×50%）、結局、最終的な手取りは三〇となります（60－30）。もし、一〇〇の所得を個人が直接受け取っていた場合には、手取りは五〇でした。

ここまで説明しても、それでも会社を設立した方が有利だと言われる方もいると思います。もちろん、実際のビジネスは色々な要素がありますし、税金だけの要素で会社を設立するかどうかを決定すべきではありません。

しかしながら、世の中でよく言われていることですが、「会社なら経費を控除できるが、個人なら経費を控除できない」というのは誤りです。個人でも個人事業のために必要な費用は必要経費として控除することができます。

また、必要経費には交際費も含まれます。交際費であっても個人事業を遂行するために必要なものは経費として認められます。反対に法人税の計算上、経費として認められる交際費の金額は制限を受けます。実際に制限を受ける金額は、会社の資本金や交際費の支払総額によって違いますが、資本金が1億円超の会社は、交際費の全額が経費として認められませんし、資本金が1億円以下の会社でも、交際費の総額のうち、四〇〇万円を超える金額と四〇〇万円に達するまでの金額の一〇%は経費として認められません。

第32の手紙　人生で一番大切なものは何か？

今日で、私のお金に関する話も終わりです。

順序が逆転しますが、最後にどうして私が君にお金に関する話を伝えなければいけないと考えるようになったのか、その理由となった出来事を説明しましょう。

私たち家族を乗せた電車が東京駅を離れようとした時、一組のカップルが私たちの座席の隣に座りました。その若いカップルは同じ職場で働いているらしく、女の子が仕事の悩みを先輩である青年に相談しているようでした。その様子は本当にほほえましくさわやかで、私はその女の子の姿に将来の君の姿を重ねて見ていたほどでした。

失礼とは知りながらも、私はそのカップルの話に耳を傾けていました。

「三十万円しか要らないっていうお客さんに、しっかり五十万円貸しました」と、その女の子が自慢げに話しだしたのです。

会話の内容から、この二人はどうやら消費者金融に勤めているようでした。こんな感じの良いさわやかな女の子が、消費者金融に勤めているとは、私は大変なショックを受けました。

職業に貴賤はありませんし、偏見を持つこともよくないと思いますが、正直言って君がもし、消費者金融に勤めることになったら、私は耐えられません。

お金に関して現代社会が抱える問題が単純ではないのは、普通の若者が普通に消費者金融に勤め、しかも他の職業を持つ人たちと同様に仕事の悩みを持ち、上司を尊敬し、売上を伸ばそうとする会社の方針に対して、自分なりの責任感を果たそうと努力していることなのです。特別なことはなく普通に『怪物化』が進んでいることが恐いのです。

お金は淋しがりやです。それもかなりの淋しがりやなのです。だからお金は一人にされたくなく、他のお金とどうしてもくっつきたいのです。人間が作り出した道具でしかなかったお金がすごい力で、創造主である人間を犠牲にしてまでも他のお金とくっつくことを考え始めているのです。

借りる必要がなかった以上にお金を借りたそのお客さんは、その後どのようになっていったのでしょうか。何事もなく無事に返済できたかもしれません。しかし、金利のマジックによって返済できない金額に膨れ上がり、やがて破産したのかもしれない

のです。自分の会社の売上を伸ばそうとする女の子の行動がその人の一生を左右したかもしれないのです。

しかし、私はその女の子を非難することはできません。その女の子は、お金という生き物によって作られたシステムに従って、与えられた役割をこなしているに過ぎないのです。淋しがりやのお金は消費者金融の会社を支配し、その会社が女の子を支配しているのです。今や、お金という生き物は巧妙に世の中に入り込み、普通に生活をしている人間を支配し、それだけに簡単には退治できないモンスターになっているのです。

私が子供の頃には、「人生で一番大切な

ものは何か」と、質問された場合、冗談でも「お金」と答えたら、間違いなくひどく罵倒され、ぶん殴られてもおかしくなかったでしょう。ところが、今はこの質問に対して、「お金」と答える子供が多いと聞きます。そのように答える子供も子供ですが、そんな風に答えることを恥なことと怒らない大人も大人です。

バブル経済崩壊後、日本人が美徳としてきた様々な事柄が、古臭いものとして扱うようになっているような気がします。「人生で一番大切なものはお金である」と答えることは、恥なことである、と言い切った昔の日本人を私は誇りに思いますし、そのような人生観を持ち続けるべきだと思います。

額に汗して稼いだお金は尊いものであるし、生活するうえでお金は大切なものであります。しかし、お金は決して人生で一番重要なものではありません。君は私に「それでは、人生で一番大切なものは何？」と聞くかもしれません。しかし、この答えは難しい。私には、それがお金でないことは断言できますが、それが何かは言えません。しかし、あえて言うならば、それが何かを探す旅が人生なのかもしれません。

これで私の話は終わりにします。今の君には私の話を全部理解することは無理かもしれません。けれども、これからの人生においてこの文章を何度か読み返してもらえば、私にとってこれほどの喜びはありません。

また、この文章を君に託す作業は、漠然としていた自分の考えを整理することができ、私にとっても大変有意義なものになりました。そして、改めて私自身が今までの人生において多くのすばらしい人と知り合うことができ、その人たちから貴重な教えをもらったことを再認識することができました。

君もこれからの人生においてたくさんのすばらしい人と出会うことができますように。


（苦しい時、君の寝顔に何度も勇気づけられた父より）

＜私の「金持ち父さん」と「貧乏父さん」＞

「金持ち父さん」の著者は、仕事や支払いのラットレースから抜け出すために「金持ち父さん」を目指すことを勧めています。私の父は、「金持ち父さん」を目指しましたが、生涯で二度の自己破産をし、最後の勝負も志半ばで病に倒れ、「貧乏父さん」のまま病床にあります。

先日、父を見舞い、体の調子を聞いたところ、「投資している不動産や株が上がった時には体の調子もいいが、最近は損ばかりして調子が悪い」という答えが返ってきました。父は新聞もテレビさえも見ることができませんし、もちろん、投資すべきお金は一円もありません。夢か現実もわからなくなっている父は、空想の中で今だに金儲けというラットレースを続けているのです。

この本の第2の手紙の中で、父と一緒にスイカを売った思い出を書きましたが、私の好きな父は、「貧乏父さん」の時の父であり、「金持ち父さん」を目指した時の父は、私を常に不安な気持ちにさせました。

父の口癖は〝ナンバーワン〟を目指すということでした。確かに父は、金儲けには非凡なところがあり、「金持ち父さん」の言うところのファイナンシャル・インテリジェンスは高く、成功したこともありました。

しかし、私の望んだことは違っていました。〝ナンバーワン〟なんかならなくていい。小さな家でいいから、今日も明日も間違いなく住める家が欲しかった。人からうらやましがられなくてもいいから、後ろ指を指されるのは嫌でした。

私の願いは、父が他のお父さんと同じようにしてくれることであり、涙もろく人なつこい父のおもしろくない冗談を、平穏な気持ちで聞けることでした。

最後のお願い

私は君にお願いがあります。

これは私の遺言だと思ってください。

前にも話した通りに、私は君に何も財産は残しませんし、私の葬式は身内だけの本当に簡素なものにしてください。しかし私も聖人君子ではありません、まだ雑念があるのです。やはり君には何かを残したい、あるいは、残したという気持ちを持って死んでいきたいと思います。

そこでお願いですが、私が死ぬ時には、私の話の中で、君が君の子供、すなわち私の孫たちにも伝えたいと思う言葉を四つ選んで紙に書いてくれないでしょうか。

努力して苦労して稼ぐお金ほど尊いものはありません。しかし、そのお金さえ墓場には持っていけません。

もし君がその紙を私の棺の中に入れてくれるならば、君や君の子供たちとのつながりをあの世にまで持っていけそうな気がしますし、そうしてくれるならば、死への恐怖の中、弱虫の私も男らしく最期をまっとうできると思います。
どうして四つなのかと不思議に思うかもしれません、天邪鬼な私は、昔から日本人が忌み嫌う四という数字が好きだったのです。欲張りな私には、一つや二つでは足りないのです。（もっとも、死ぬ時だから、四でよいのかもしれませんが……）

（君の好きな人と百年続きますように）

著者略歴

山田　侑（やまだ　ゆう）

父の事業失敗を契機に公認会計士を目指す。

大手会計事務所勤務の後，大学で教鞭をとっている。

著者との契約により検印省略

平成21年11月11日　初版第1刷発行

会計士パパから娘への手紙
～わが子に残すお金より大切なこと～

著　者	山　田　　侑
発行者	大　坪　嘉　春
印刷所	税経印刷株式会社
製本所	牧製本印刷株式会社

発行所　東京都新宿区下落合2丁目5番13号　株式会社　税務経理協会

郵便番号 161－0033　振替 00190－2－187408　電話(03)3953－3301（編集部）
FAX(03)3565－3391　(03)3953－3325（営業部）

URL　http://www.zeikei.co.jp/

乱丁・落丁の場合はお取替えいたします。

ISBN978－4－419－05371－0　C0034